早稻田大学日本史

第十二卷 维新史

〔日〕本多辰次郎 著
米彦军 译

中国出版集团公司
华文出版社

图书在版编目（CIP）数据

早稻田大学日本史. 卷十二, 维新史 / (日) 本多辰次郎著；米彦军译. -- 北京：华文出版社, 2020.9
（华文全球史）
ISBN 978-7-5075-4761-0

Ⅰ.①早… Ⅱ.①本… ②米… Ⅲ.①日本—古代史 Ⅳ.①K313.2

中国版本图书馆CIP数据核字(2020)第151556号

早稻田大学日本史（卷十二）：维新史

| 作　　者：[日] 本多辰次郎
| 译　　者：米彦军
| 选题策划：盛世雅章
| 插图供应：18629596618
| 责任编辑：戴明敏　楼淑敏
| 出版发行：华文出版社
| 社　　址：北京市西城区广外大街305号8区2号楼
| 邮政编码：100055
| 网　　址：http：//www.hwcbs.com.cn
| 电　　话：总编室010—58336239
| 　　　　　发行部010—58336212
| 经　　销：新华书店
| 印　　刷：三河市国英印务有限公司
| 开　　本：710×1000　1/16
| 印　　张：16.5
| 字　　数：238千字
| 版　　次：2020年9月第1版
| 印　　次：2020年9月第1次印刷
| 标准书号：ISBN 978-7-5075-4761-0
| 定　　价：65.00元

版权所有　侵权必究

出版前言

随着中国开放的大门越开越大,关注世界各国尤其是西方国家文明的源流、发展和未来已经成为当下世界史研究的一个热点。为了成系统地推出一套强调"史源性"且在现有世界史出版物中具有拾遗补阙价值的作品,我们经过认真论证,推出了"华文全球史"系列,首次出版约一百个品种。

"华文全球史"系列从书目选择到译者的确定,从书稿中图片的采用到人名地名的规范,都有比较严格的遴选规定、编审要求和成稿检查,目的就是要奉献给读者一套具有学术性、权威性和高质量的世界史系列图书。

书目的选择。本系列图书重视世界史学科建设,视角宽阔,层级明晰,数量均衡,有所突出。计划出版的"华文全球史"中,既有通史,也有专题史,还有回忆录,基本上是世界历史著作中的上乘之作,填补了国内同类作品出版的空白。

人名地名规范。本系列图书中人名地名,翻译规范,重视专业性。在人名翻译方面,我们坚持"姓名皆全"的原则,加大考据力度,从而实现了有姓必有名,有名必有姓,方便了读者的使用。在注释方面,书中既有原书注,完整地保留了原著中的注释;也有译者注,体现了译者的研究性成果。

书中的插图。本系列图书的一个重要特点是书中都有功能性插图,这些插图全方位、多层次、宽视角反映当时重大历史事件,或与事件的场景密切相关,涉及政治、军事、经济、社会、外交、人物、地理、民俗、生活等方面的绘画作品与摄影作品。功能性插图与文字结合，赋予文字视觉的艺术，丰富了文字的内涵。

译者的确定。本系列图书的翻译主要凭借的是一个以大学教师为主的翻译团队，团队中不乏知名教授和相关领域的资深人士。他们治学严谨，译笔优美，为确保质量奉献良多。

"华文全球史"系列作为一套具有较高学术价值的优秀的世界历史丛书，对增加读者的知识，开阔读者的视野，具有积极的意义。同时要看到，一方面很多西方历史学家的观点符合事实，另一方面不少西方历史学家的观点是错误的，对于这些，我们希望读者不要不加分析地全盘接受或全盘否定，而是要批判地吸收外国文化中有益的东西。

华文出版社
2019年8月

出版要旨

日本坊间流行的日本史书种类很多,数量很大,堪称汗牛充栋。然而,其中很多史书是教科书,读起来索然寡味。此外,还有各种各样的人物传记、年代记、稗史、杂书。严格来讲,这些书算不上真正的史书。因此,可以说时至今日,还没有一套真正的日本史书。

近年来,人类学、语言学、心理学、地理学发展很快,日新月异,而且研究成果很多。这大大推进了历史学的发展。不仅如此,通过利用多学科知识,调查和分析史料,史学家们发现在此之前的日本史书中有诸多谬误。上古的日本史与神话混为一谈。中古以后的日本历史则和小说混为一谈。甄别哪些是信史、哪些是伪造的历史是很困难的。不光日本历史这样,外国的历史也是这样。《古事记》和《日本书纪》都是这样。

《古事记》《日本书纪》问世之后,日本史学家也编纂了很多史书。这些史书既有信史,也有伪史,可以说鱼龙混杂。《大日本史》是一套大部头史书,但仔细阅读这套史书可以发现其中混杂了很多稗史的内容。综上所述,不难发现,日本史学界亟需一套更好、更完善的日本史书问世。

近年来,科学取得了长足的进步。史学家不会允许真伪难辨的历史永远存在下去,必定要搞个水落石出。他们必然会利用科学知识,进行彻底调查和分析,去伪存真,否则不会善罢甘休。史学家会从地名、谚语、古代遗物等方面着手,发现历史的真相。

中古时期以后，日本有大量史料，这对查明历史真相大有裨益。各个领域的科学家也开始研究历史的真相。结果，学界涌现了《史海》《史学会杂志》《史学界》《语言学会杂志》《人类学会杂志》《地学学会杂志》等发表历史学论文的杂志。但这些历史学论文只是日本历史的片断而已。迄今为止，日本史学界还没有一套真正研究日本历史全貌的读物。

前些年，帝国文科大学让重野安绎、久米邦武、星野恒三位教授编纂了《国史眼》这套书。这套书比此前出版的日本史书又前进了一步。然而，这套书是作为教科书编纂的，都是很简短的小册子，读起来非常枯燥。

研究日本上下三千年历史，搞清楚日本历史的真相，是一个人无法做到的。一个人能力再高，搞清楚这些问题也要花费百年的时间。当今社会发展和科技进步日新月异，岂会白等百年时间？因此，编纂日本史的捷径是把日本国史分成几个历史阶段，让各个历史阶段的专家公布其研究成果，然后合在一起，于是全套日本史就出现了。

早稻田大学经过深思熟虑，邀请相关领域的历史学家，将各自的研究成果编成历史学讲义。这些讲义获得史学界的称赞。与此同时，读者和学者都认为这些讲义未完全体现各个时代的历史全貌。

经过不懈的努力，各个时代的历史已经编纂成册，做好了发行准备，希望史学爱好者不吝赐教。现将各个时代的作者列举如下：

一、《弥生古坟时代》，作者久米邦武；

二、《飞鸟宁乐时代》，作者西村真次；

三、《奈良时代》，作者久米邦武；

四、《平安时代》，作者池田晃渊；

五、《镰仓时代》，作者三浦周行；

六、《南北朝时代》，作者久米邦武；

七、《室町时代》，作者渡边世祐；

八、《安土桃山时代》，作者渡边世祐；

重野安繹

九、《德川幕府时代》（上），作者池田晃渊；

十、《德川幕府时代》（下），作者池田晃渊；

十一、《幕末史》，作者小林庄次郎；

十二、《维新史》，作者本多辰次郎。

这套丛书的诸位作者有的在修史局担任编修；有的参加大日本史的史料整理，负责某一时代历史的史料编纂；有的在宫内省掌管着机密古文书。他们知道一些鲜为人知的史料，哪怕只言片语也会对史学研究大有裨益。丛书展现了很多新事实。读者也许会对此感到惊讶，会认为丛书是日本国史的"破坏者"。事实上，丛书以正确的史料为根据，通过严密的考证来论述历史问题，言之有物，有理有据，相信会在史学界大放异彩。

早稻田大学出版部

序　言

维新史是材料最丰富、研究人员最感兴趣的日本国史的一部分。这是因为明治天皇继承了神武天皇创立的基业，锐意改革，在不到半个世纪的时间里取得了让世人瞩目的政绩。很多史学家都把维新史的起点定在美国海军将领马休·佩里率军舰敲开日本国门的嘉永六年（1853年），世人也都认可这一观点。在十四年后的庆应三年（1867年），德川幕府将政权返还给皇室。这一期间，政变、战乱频仍。

推动明治维新的主要动力之一是外交。德川幕府时代实施的国策是闭关锁国政策，除允许荷兰商人和清朝商人在长崎的一角与日本进行贸易外，不准其他国家和日本进行贸易。幕末时期，俄国对日本的北方领土虎视眈眈，经常派使节率领军舰和幕府就边界的勘定和通商谈判。美国、英国、法国逼迫日本开放港口、签订友好通商条约。德川幕府不愿放弃闭关锁国的祖宗之法，怎奈海防薄弱，国库空虚。与德川幕府维持了二百多年友好关系的荷兰劝德川幕府为了避免重蹈清朝鸦片战争的覆辙，最好顺应世界潮流，开放港口，与欧美各国通商。因此，德川幕府在不得已的情况下，与美国、英国、法国、荷兰、俄国签订了《安政条约》。之后，朝廷、大名、藩士①对德川幕府的对外政策十分不满，德川幕府的统治开始土崩瓦解。这为明治维新奠定了坚实的基础。

---

① 藩士是指日本德川幕府时代从属、侍奉各藩的武士。——译者注（若无特殊说明，以下均为译者注。）

推动明治维新的第二个动力是勤王论的兴起。勤王论兴起于水户藩，宝历年间的竹内敬持最先倡导勤王论。日本国学家对勤王论的发展起了推动作用。勤王思想虽然发源于日本关东地区的水户藩，但从整体来看，因德川幕府坐镇关东地区，这里关于勤王思想在研究、宣扬乃至实践方面远不如京都、大阪等关西地区。勤王思想在朝廷公卿中的影响根深蒂固。高山彦九郎在游学京都时看到宫城庄严肃穆，尊王之情油然而生，著书立说，宣扬勤王论，对草莽之士影响很大。难波的契冲、京都的荷田春满等奠定了近世复古学的基础，其成果是勤王论的重要内容之一。关西学者将起源于水户藩的勤王论发扬光大，使之风靡天下，推动了明治维新的实施。

德川幕府财政窘迫也是明治维新能够起步的一个重要原因。元禄年间以来，由于统治阶级生活奢靡，入不敷出，滥铸恶币，德川幕府的财政非常紊乱。享保年间，德川幕府整顿了财政。在田沼意次主政时期，幕府财政又出现了入不敷出的情况。在宽政年间，德川幕府采取了得力措施，财政状况好转。在第十二代征夷大将军①德川家庆时期，幕府的财政状况又恶化了。在天保年间，水野忠邦尽力整顿财政，但收效甚微，财政窘迫状况一直持续到幕末时期。世人评价说，即便没有萨摩藩、长州藩打倒幕府，再过两三年幕府也会在财政上破产。德川幕府时代，日本属于自给自足的自然经济，商品经济不发达，每年的财政收入是稻米，财政支出也是以稻米结算。各藩国的俸禄、税率都不一样，非常混乱。在德川幕府统治的二百六十余年间，日本闭关锁国，与世隔绝。在此期间，世界形势发生了重大变化，西力东渐②的势头强劲。日本人在承受西方列强的巨大压力的同时，开始觉醒了。日本人在对待外国人的态度上，由排外、攘夷转向对外开放、融入世界，从而爆发出的巨大能量，成为推动明治维新的巨大动力。

---

① 征夷大将军，日本飞鸟、奈良时代为征讨虾夷地区而设置的临时官职。镰仓、室町、德川幕府时期，征夷大将军成为日本实际上的最高权力者，掌管军政大权。明治维新以后，这一职位被废除。
② 西力东渐，指欧洲"大航海运动"后西方殖民势力的东向发展，具体包括基督教的传入及商业航海贸易势力的东来。

目 录

第1章 水户藩的形势 …………………………………… 001
第1节 水户藩学及学派之争的由来 ……………………… 001
第2节 德川齐昭及藤田东湖的政策措施 ………………… 004
第3节 德川齐昭遭到幕府谴责而隐居 …………………… 008

第2章 关西的形势和萨摩藩 …………………………… 016
第1节 萨摩藩崛起的原因 ………………………………… 016
第2节 岛津齐彬 …………………………………………… 020
第3节 岛津齐彬去世后的萨摩藩 ………………………… 028
第4节 岛津久光东上和寺田屋事件 ……………………… 030

第3章 德川幕府的政策措施与改革 …………………… 039
第1节 安藤信正 …………………………………………… 039
第2节 关东的形势与坂下门外之变 ……………………… 043
第3节 敕使大原重德出使关东及岛津久光四下活动 …… 047
第4节 德川庆喜和松平春岳进行幕政改革 ……………… 051

第 4 章　尊王攘夷论的鼎盛时期 ················ 061

 第 1 节　长州藩的形势 ················ 061

 第 2 节　长州藩和土佐藩从中斡旋 ················ 069

 第 3 节　樱田门外之变后京都的形势 ················ 073

 第 4 节　朝廷采取措施掌握政治和军事实权 ················ 075

 第 5 节　松平容保就任京都守护 ················ 080

 第 6 节　浪人横行霸道 ················ 085

第 5 章　尊王攘夷派受挫 ················ 091

 第 1 节　幕府答复限期攘夷及德川家茂上京 ················ 091

 第 2 节　天皇行幸与幕府决定攘夷期限 ················ 095

 第 3 节　长州藩实施攘夷及守卫宫门 ················ 099

 第 4 节　行幸大和与密谋讨幕 ················ 102

 第 5 节　文久三年八月十八日的政变 ················ 103

第 6 章　各地大名纷纷举兵 ················ 117

 第 1 节　大和五条举兵 ················ 117

 第 2 节　但马举兵 ················ 119

 第 3 节　常野之乱 ················ 120

第 7 章　公武合体派的全盛时期 ················ 127

 第 1 节　京都守护及京都所司代的更迭 ················ 127

 第 2 节　政变后长州藩的情况 ················ 133

 第 3 节　元治元年长州藩袭击京都 ················ 138

第8章　文久元治年间的内政外交 · 151

- 第1节　准备征讨长州藩 · 151
- 第2节　生麦事件及英国军舰攻击萨摩藩 · 152
- 第3节　长州藩实施攘夷与四国舰队炮轰下关 · 156
- 第4节　就关闭横滨港进行谈判 · 160
- 第5节　先期开港问题 · 160

第9章　再征长州藩 · 164

- 第1节　尾张藩藩主回藩后的幕府与长州藩的形势 · 164
- 第2节　幕府决定再征长州藩 · 166
- 第3节　长州藩的应战决心和准备 · 168
- 第4节　幕府和长州藩交战及停战谈判 · 170
- 第5节　再征长州藩和外交的关系 · 173

第10章　萨摩藩和长州藩联盟 · 177

- 第1节　萨长二藩联盟的缘起 · 177
- 第2节　土佐藩藩士为萨长联盟的形成而奔走 · 179
- 第3节　西乡隆盛、大久保利通、木户孝允订立萨长盟约 · 182
- 第4节　萨长二藩交换修好使 · 184

第11章　王政复古 · 187

- 第1节　征长善后措施 · 187
- 第2节　德川庆喜继任征夷大将军、孝明天皇驾崩、明治天皇即位 · 188
- 第3节　兵库开港及讨幕计划 · 190
- 第4节　萨、长、安艺三藩大同盟 · 193

第 5 节　幕府将政权归还朝廷 ································· 198

　　第 6 节　建立新政府 ··· 202

　　第 7 节　宫中小御所会议 ······································· 205

　　第 8 节　尾张藩、福井藩、土佐藩从中周旋 ············· 208

　　第 9 节　毛利房显入京及三条实美等的情况 ············ 209

　　第 10 节　德川庆喜退往大阪 ································· 210

　　第 11 节　袭击江户的萨摩藩藩邸 ··························· 214

第 12 章　戊辰战争 ·· 216

　　第 1 节　鸟羽伏见之战 ··· 216

　　第 2 节　宣布征讨德川氏的命令 ···························· 222

　　第 3 节　江户开城 ·· 225

　　第 4 节　平定关东及对德川氏的处置 ····················· 231

　　第 5 节　平定奥羽福井 ··· 234

　　第 6 节　函馆战役 ·· 241

第 13 章　明治初政 ·· 245

　　第 1 节　明治天皇亲政 ··· 245

　　第 2 节　明治政府的财政、外交及官制 ·················· 248

　　第 3 节　版籍奉还与废藩置县 ································ 248

第1章

水户藩的形势

第1节 水户藩学及学派之争的由来

水户学兴起于水户藩的彰考馆,倡导和魂汉才。水户藩还因编纂《大日本史》而闻名全国。在编纂《大日本史》之际,水户藩的学者们分裂为两派。当时,编纂《大日本史》的负责人是立原翠轩。立原翠轩的做法是:将凡是和自己观点不同的人都排除在外。因此,藤田幽谷一派的人就被解职了。后来,藤田幽谷成了编纂《大日本史》的负责人之后就开始排挤立原翠轩一派。由此发生了派别之争。这些学术上的派别之争对藩政也产生了很大的影响。

立原翠轩是藩士,社会地位很高,这一派的人都是士族出身,在思想上倾向于保守。藤田幽谷出身町人①阶层,社会地位低,受到士族的轻慢。然而,藤田幽谷一派积极进取,在思想上倾向于进步。当时,德川幕府高层生活奢靡,上行下效,世人崇尚奢华的生活。水户藩藩主德川齐脩的夫人是第十一代征夷大将军德川家齐之女峰姬,她爱好歌舞伎、茶道、插花等,生活奢靡。藩士们纷纷效仿,衣着讲究,士人如果不会弹三弦就会被人耻笑。藩士们的尚武之风几乎荡然无存。

德川齐脩的弟弟德川敬三郎和藤田幽谷的儿子藤田东湖自幼是好友,他

---

① 町人,日本德川幕府时代的社会阶层之一,主要包括商人、工匠等,社会地位低下。

们对当时喜好奢靡、不好武道的世风十分鄙视，提倡俭约，宣扬尚武精神。德川敬三郎生活简朴，文武兼备，在学习弓马刀剑、火枪射击的同时，还研究和歌、经学。藤田东湖牢记父亲藤田幽谷的教诲，布衣素食，以天行健为座右铭，努力练习武艺，研究学问。

德川齐脩去世后，留守江户水户藩邸的家臣神原淡路等不喜欢德川敬三郎的做事风格。神原淡路等为了讨好德川幕府，打算立德川家齐的儿子德川齐强为藩主。水户藩家臣青山延光斥责神原淡路等胡作非为，神原淡路等依然我行我素。听说这个消息后，藤田东湖十分愤怒。他在与山野边义观、杉山忠亮、会泽正志斋、户田忠敬、安岛带刀等商议之后，来到江户，和水户藩的分支守山藩的藩主商议对策。

会泽正志斋

安岛带刀

留守江户的水户藩邸的家臣们经常出入老中①水野忠邦的府邸，谋划立德川齐强为水户藩藩主。立原翠轩之子立原杏所和山野边义观、藤田东湖等联手，想立德川敬三郎为水户藩藩主。由此可见，立原派和藤田派只是学术观点不同而发生争执。水户藩的家老②中山信守请求德川幕府立德川敬三郎为水户藩藩主，获得了德川幕府的批准。藩士们听说后，感动得落下泪来。文政十二年（1829年）秋，德川敬三郎继任水户藩藩主，时年三十岁。从这时起，德川敬三郎改名为德川齐昭，他的谥号是烈公。

---

① 老中，日本德川幕府的官职名，职位和镰仓幕府的"连署"、室町幕府的"管领"相当。老中是征夷大将军直属的官员，负责统领全国政务。
② 家老，日本德川幕府时代大名的重臣，由数人组成，负责大名领地内的政治、经济、军事事务。

第2节 德川齐昭及藤田东湖的政策措施

德川齐昭继任水户藩藩主受到水户藩内和日本全国的瞩目。德川齐昭在藤田东湖的辅佐下,上下关系融洽,开始改革藩政。藤田东湖建议德川齐昭发布俭约令,改革政治,罢免水户藩的能力差的旧官吏,加强海防建设,制定对外政策,鼓励藩士们做学问,开拓虾夷地区。藤田东湖知无不言,言无不尽。在处理藩政时,德川齐昭对藤田东湖言听计从。到了晚年,藤田东湖任德川齐昭的近侍,二人在一起的时间更长,藤田东湖对德川齐昭的影响根深蒂固。

当时,英国、美国、法国、俄国的船经常出没于日本的近海。有的日本人出海遭遇大风大浪,船沉没,被外国船搭救并被送回日本。有的外国船来日本要求通商。宽政年间,林子平著书立说,主张日本不应忽视海防工作。在日本最先着手海防建设的是水户藩。日本四面环海,水户藩的海岸线很长。建造大船、铸造大炮是不可或缺的海防措施。天保十二年(1841年)五月,在德川齐昭的亲自指挥下,水户藩铸造了大炮。天保十三年(1842年),德川齐昭成功地劝说朝廷下旨允许水户藩用寺庙里的大钟铸造大炮。因为这件事情,德川齐昭给自己带来了很多麻烦。在美国海军将领马休·佩里率军舰来到浦贺时,德川齐昭给德川幕府献上了六十四门大炮,安装在品川炮台。此外,德川齐昭还让人按照西洋的图纸制造了比较原始的军舰。

文政七年(1824年),英国船来到常陆的大津村,村民告急,后来德川幕府也得知了此事。当时,水户藩打算按照以前的幕府命令武力驱逐英国船。然而,幕府官吏来到水户藩下达指示:"你们要按照对待遇难船的办法优待英国船。"藤田幽谷听说此事后,扼腕切齿,把儿子藤田东湖叫到跟前说:

> 外夷傲慢无礼,连年入寇我日本边境。我国人沉溺于太平盛世已久,苟且偷安。英夷如此猖狂,幕府官吏没有骨气,要将英夷放走。英夷会耻笑我日本没有一个有见识、有血性之人。你到大津村去看看,如果幕府官吏放走英夷,你就斩杀英夷。之后,你去幕府认罪伏

法。我藤田家只有你这么一个儿子，你死之后藤田家就断了香火。即便如此，也要伸张日本的正气，我等舍命报答国恩的时候到了。

当时，藤田东湖十九岁，他正襟危坐，聆听父亲藤田幽谷的教诲。藤田幽谷见状非常高兴，说："你不愧是我藤田幽谷的儿子。"藤田东湖整装待发，父亲置酒钱别。这时，听说英国船已经离开日本，藤田幽谷茫然若失。藤田幽谷的阳刚之气和武士风范及对孩子的教育措施广为流传。藤田东湖在父亲藤田幽谷的熏陶下，成为尊王攘夷派的代表性人物。德川齐昭实际上是尊王攘夷派的领袖。关东地区的藤田东湖和关西地区的吉田松阴是日本尊王思想的双臂，对日本人的思想意识产生了重大影响，为明治维新大业的成功奠定了坚实的思想基础。水户藩不仅是尊王思想或者勤王思想的发源地，而且是攘夷思想的发源地。

德川齐昭非常重视水户藩陆军的练兵工作。德川齐昭经常身着戎装，检查部队的练兵情况。每年春天，德川齐昭都会率领部队在原野上狩猎，借这个机会演习攻守阵法。平时，德川齐昭督促部队后勤部门购买、修理刀枪、火枪等武器，以便在发生战事时立刻投入使用。德川齐昭对家臣和藩士们说："我发布俭约令不是因为吝惜财物，而是为了节省无用的消耗，加强武备。"

德川齐昭著有《丙丁录明训一斑抄》等，留下了很多策论。德川齐昭继承了德川光圀的遗志，尊崇神道，抑制佛教，在水户藩修建鹿岛祠及圣庙。德川齐昭还在城内修建学校，将其命名为弘道馆，教授文、武、礼、乐、射、兵法、火炮、医术。德川齐昭让自己的嗣子和其他儿子们注射疫苗，进而向水户藩的民众普及。

日本承平日久，世风逐渐崇尚奢靡，上至德川幕府下到三百大名财政无不拮据。水户藩肥沃的土地较少，经济上不富裕。水户藩的藩主和藩士们生活奢侈，又逢连年歉收，坐吃山空，藩士们和民众皆面有菜色。在继任水户藩藩主的第二年，亦即天保元年（1830年）正月，德川齐昭就公布了俭约令，整肃社会风气。天保元年秋天，德川齐昭明令藩士们穿棉布服装。天保十一年（1840年）八月，德川齐昭向德川幕府告假回水户藩运营学校、整顿财政。天保十一年十月，德川齐昭命人修建仓库，加强储备，以备灾年、荒年之需。水户藩的藩士中贫穷者居多，天保十一年十一月，德川齐昭下令：将欠公债的藩士的债务一笔勾销；欠个人的债务允许藩士分年偿还，利息一笔勾销。德川齐昭禁止放高利贷，禁止藩士抵押武器借钱。另外，水户藩分给藩士的土地由于年代久远，土地边界不清，兼并强夺现象时有发生，弊端重重。弘化元年（1844年），德川齐昭命人重新丈量土地，按照土地的肥瘠程度划分等级。之后，水户藩给藩士们颁发封地文书。这样一来，财政秩序得到了整顿。

通过上述一系列改革措施，德川齐昭令水户藩面目一新，藩国的财政状况大有改善，综合实力增强。此后，德川齐昭在日本声名鹊起。日本东北各藩都派学生前来观摩学习水户模式。弘道馆是当时日本各藩的模范学校。日本九州久留米的真木保臣、萨摩藩的藤井良节等慕名前来水户藩学习。

天保十四年（1843年）五月，征夷大将军德川家庆对德川齐昭励精图治表示赞赏，赏赐给德川齐昭宝刀、马鞍、黄金等物，老中也给德川齐昭颁发了奖状。这是德川齐昭感到最自豪的时期。然而，德川齐昭成功的背后也有隐忧。德川齐昭我行我素，刚愎自用，仗着自己是德川幕府的至亲，经常干预幕府政务。因此，幕府高层对德川齐昭十分不满。天保十一年，德川齐昭要回水户藩时，首席老中水野忠邦等喜出望外，下令说："你专心搞好藩政即可，明年不必来江户。"德川齐昭意识到德川幕府对自己敬而远之甚至在愚弄自己，十分愤慨。

水户藩内分成藤田派和立原派，互相倾轧。德川齐昭继任藩主之后，这两派的斗争变本加厉。德川齐昭信任、重用藤田东湖。藤田东湖屡屡建议德川齐昭要彻底压制和排挤政敌，提拔自己的人。尽管如此，藤田东湖的少数政敌还是占据着水户藩的要职。藤田东湖请求罢免这些政敌的职务，但德川齐昭没有采纳藤田东湖的建议将政敌完全驱逐出水户藩的领导部门。不仅如此，德川齐昭还罢免了藤田东湖推荐的今井金右卫门的职务。藤田东湖对德川齐昭的这一做法十分气愤，请求辞职。德川齐昭写信安慰藤田东湖说："我信任你，你却怀疑我。如果你辞职，我也致仕。"藤田东湖这才打消了辞职的念头。尽管事无巨细，德川齐昭对藤田东湖言听计从，但德川齐昭并未采纳藤田东湖的建议，罢免所有政敌的职务。这说明德川齐昭心怀宽广，是做藩主的最佳人选。

相比之下，藤田东湖气量狭小，与政敌不共戴天。藤田东湖不采取措施缓和与政敌的矛盾，而是一味地排挤政敌。藤田东湖在水户藩握有实权，处理了德川齐昭的各位公子、重臣、普通家臣、藩士。在这一过程中，得到藤田东湖重用的人自然高兴，受到藤田东湖排挤的人自然愤愤不平。于是，藤田东湖的政敌们谋划扳倒藤田东湖。有人在德川齐昭面前说藤田东湖的坏话。然而，德川齐昭和藤田东湖亲密无间，旁人根本无法离间。于是，藤田东湖的政敌们和德川幕府的有司[①]勾结，打算将德川齐昭和藤田东湖一起扳倒。当时，水户藩的重臣中有一个叫结城朝道的人，此人能言善辩，做事干练，颇得德川齐昭的器重。结城朝道和藤田东湖等一起实施藩政改革，被人称为"贤良宰相"。然而，结城朝道心术不正，嫉贤妒能，贪图权势。德川齐昭重用藤田东湖，藤田东湖红得发紫，有超过结城朝道的势头。结城朝道对此怀恨在心，拼命排挤藤田东湖。因此，藤田东湖和结城朝道二人不和。

德川齐昭陪征夷大将军到日光山参拜时，藤田东湖也随行前往。在德川齐昭和藤田东湖不在水户藩期间，结城朝道打算发动政变。从此时起，藤田东湖与结城朝道之间开始发生冲突。德川齐昭对藤田东湖百般安慰，想留住藤田东湖。藤田东湖就是不肯参政。于是，德川齐昭派今井金右卫门和安岛带刀前去劝说藤田东湖，二人传达德川齐昭的原话说道：

前几天，你建议我罢免政敌的职务，我也觉得有道理。你现在称病在家不来参政，这会导致流言四起。我对此深感忧虑。你还是尽早出来当差吧，我需要你的帮助。

藤田东湖深感德川齐昭对自己有知遇之恩，决定继续辅佐德川齐昭。一

[①] 有司，指的是主管某部门的官吏。

直以来，结城朝道和水户藩的保守派、藤田东湖的政敌联手排挤藤田东湖。然而，德川齐昭和藤田东湖相互信任，关系融洽，结城朝道等无法离间他们。结城朝道意识到无法通过德川齐昭排挤藤田东湖，就和藤田东湖的政敌勾结，打算立德川齐昭的嗣子德川庆笃为藩主，取代德川齐昭。这是因为德川庆笃年纪尚小，容易掌控。

最让德川幕府和德川齐昭感到棘手的问题是如何处理虾夷地区。当时，俄国觊觎日本领土，虾夷地区年年告急，令德川幕府烦恼不已。德川齐昭打算增强海防力量，但水户藩土地贫瘠，财政入不敷出，不能如愿。于是，德川齐昭谋划将寺庙的佛像和大钟融化为铁水，铸造大炮。与此同时，德川齐昭还打算加强北方虾夷地区的武备。德川齐昭坚信：

> 如果开垦虾夷地区的荒地，充分开发利用虾夷地区的资源，肯定能很好地改善德川幕府的财政状况。德川幕府以雄厚的财力为基础，加强海防建设，可以确保日本不受外敌的入侵。

德川齐昭在和藤田东湖商量的基础上，将上述想法写入建议书，呈递给德川幕府。

在开发虾夷地问题上，藤田东湖积极支持德川齐昭，呕心沥血。天保十年（1839年）七月，藤田东湖为了让幕府高层采纳德川齐昭提出的建议，向德川幕府的重臣水野忠邦和大久保氏行贿。此外，藤田东湖还在江户四处活动，游说幕府高官，让他们游说德川幕府采纳德川齐昭的建议。然而，成也萧何，败也萧何。藤田东湖采用行贿、游说等手段促使德川幕府采纳了德川齐昭的建议，积极开发虾夷地区，既获得了一定的成效，也给自己带来了祸端。

第3节　德川齐昭遭到幕府谴责而隐居

德川幕府高层对德川齐昭的各种活动和措施是存有疑虑的。德川齐昭提出的宏伟计划让德川幕府高层感到害怕，他们怀疑德川齐昭动机不纯。而恰恰在这个时候，藤田东湖的政敌们趁机启动了扳倒德川齐昭和藤田东湖的计划。德川齐昭不仅在水户藩内抑制佛教、用佛像和大钟铸造大炮，还奏请朝廷在日本全国范围内抑制佛教。德川齐昭的这一措施和建议导致日本全国的僧人对他咬牙切齿。于是，水户藩内的保守派和僧人、德川幕府高层联手扳倒了德川齐昭。一个名为日华的僧人在水户藩的水户寺出家，之后住在江户小石川大乘寺。日华对德川齐昭抑制佛教的措施非常不满，一直想扳倒德川齐昭。这为日华接近德川幕府提供了便利条件。因德川齐昭奏请朝廷将日本全国的寺庙的佛像、大钟铸成大炮，华顶宫博经亲王、北白川宫能久亲王等担心佛教会衰亡，

北白川宫能久亲王

便上奏仁孝天皇①。于是，仁孝天皇没有采纳德川齐昭的建议。这与日华等的私下活动关系密切。德川齐昭有欠考虑，得罪了日本全国的僧人，招致僧人们的报复。

弘化元年（1844年）五月，德川齐昭奉德川幕府之命来到江户。德川幕府称："德川齐昭骄傲自大，有失体统，兹命德川齐昭隐居，在自己的驹笼府邸闭门思过，不再担任水户藩藩主一职。"与此同时，德川幕府将德川齐昭的重臣户田银次郎、水户藩寺社奉行今井金右卫门及侍臣藤田东湖关入大牢。德川齐昭的嗣子德川庆笃继任水户藩藩主，水户藩的三个支藩高松、守山、府中藩的藩主做德川庆笃的监护人。

德川齐昭虽然得罪了德川幕府并获罪，但开始名扬日本全国。有的说法认为德川齐昭得罪德川幕府是因为他遵奉了朝廷的命令。这个说法的说服力不太强。在朝廷里华顶宫博经亲王等一派对德川齐昭十分不满。当时，朝廷还不具备拉拢御三家②牵制德川幕府的实力。

德川齐昭隐居之后，保守派开始在水户藩得势，改革派暂时归于沉寂。德川齐昭在江户的驹笼府邸闭门思过。嘉永二年（1849年）九月二十一日，征夷大将军德川家庆来到小石川的水户藩邸看望德川齐昭的养母峰姬。峰姬是德川家庆的妹妹，嫁给了德川齐脩。二人虽然是亲兄妹，但德川家庆看望峰姬的情况是很少见的。据说，德川家庆这样做，是为了安慰德川齐昭。当时，德川家庆还召见了德川齐昭，让德川齐昭的儿子德川庆喜做了御三卿③之一的一桥家的嗣子。德川家庆的这一措施也是破例。御三卿和普通的大名不同，在御三卿无嗣的情况下，征夷大将军的二儿子或者三儿子可以做御三卿的嗣子。因此，德川家庆让血缘关系较远的德川庆喜做一桥家的嗣子是有一番深意的。当时，德川氏的主脉已经断绝，支脉中的尾张藩也已经断绝，只剩下水户藩和

---

① 仁孝天皇，日本第120代天皇，在位时间为1817年到1846年。
② 御三家，指德川氏中除征夷大将军家外拥有幕府将军继承权的三大旁系，分别是尾张德川家、纪伊德川家、水户德川家。
③ 御三卿，是指田安德川家、一桥德川家和清水德川家，这三家和早前创设的御三家相同，都有权列选德川幕府征夷大将军继承人。

纪伊藩。然而，水户藩和纪伊藩互相倾轧。在德川幕府中纪伊藩很有势力。水户藩在朝廷和外藩大名①中的声望很高。当时，德川家庆的世子德川家定病弱，外患频仍，时局越来越紧迫。天保年间，大阪发生了大盐平八郎之乱，内忧不断。有的大名开始和德川幕府分庭抗礼，幕府的权威开始下降。德川齐昭被处罚之后，水户藩的藩士不断为德川齐昭鸣冤叫屈，民心动荡。弘化元年（1844年）十一月，德川齐昭恢复了人身自由。尽管如此，国内形势依然不稳定，外藩大名和德川幕府越来越离心离德。而今，如果德川幕府与亲藩水户藩对立，就会严重削弱德川幕府的统治基础。因此，德川家庆想笼络水户藩，让其成为拱卫德川幕府的藩屏和堡垒。可见德川家庆用心良苦。以上就是美国海军将领马休·佩里来到日本浦贺之前的水户藩的大致情况。

嘉永六年（1853年），马休·佩里奉美国总统米勒德·菲尔莫尔之命率领军舰来到浦贺，逼迫日本与美国通商。之后，日本全国的形势发生了巨大的变化。德川幕府在向大名们公布美国国书的内容的基础上，征求大名们的意见。于是，德川齐昭上书幕府，主张在外交上不应与外国人媾和。当时的大名中，有很多人主张不与外国人媾和，德川齐昭就是其中的代表人物。世人对德川齐昭的外交主张的看法有很大的不同，有人认为德川齐昭主张锁国排外，反对门户开放。有人则认为德川齐昭在内心深处希望门户开放，表面上装作锁国排外，让外国人知道日本不容欺侮，以期和外国签订有利于日本的条约。当时，没有一个人在外交政策上自始至终坚持一种观点，大家都随着时局的变化改变自己的观点。阿部正弘、松平春岳、佐久间象山、横井小楠起初都主张闭关锁国，后来都主张门户开放对日本有利。德川齐昭的外交观也不是一成不变的。

早在天保五年（1834年），德川齐昭就上书德川幕府，主张停止对外贸易。天保五年六月四日，藤田东湖提出了与德川齐昭类似的主张。在马休·佩里来到日本以前，德川齐昭的外交观几乎没有变化。在马休·佩里来到日本之

---

① 外藩大名，即外样大名，是日本德川幕府时代的大名中，在关原之战以后归顺德川家康的大名，仅能管理自己领地内的事务，不能参与幕府政务。

后，德川齐昭发表了《海防愚存》，洋洋万言，极力主张与美国交战。然而，在《海防愚存》中，德川齐昭又指出："要想和，与外国激战不可或缺，这样才能在谈判桌上获得更多的筹码。"德川齐昭在《昨梦记事》中说：

> 世人都说我是尊王攘夷派，实际上，我始终如一尊王，却并非一直攘夷。美国海军将领马休·佩里来到日本时，世人都厌恶外国人。而我当时算得上是有先见之明，主张"我们不得不和外国人交往"。为什么这么说？因为即便和外国人交往并非好事，但由于形势所迫，我们不得不与外国人交往，一味地攘夷是行不通的。

德川齐昭曾经作为外交顾问参与幕府政务。德川齐昭的外交观中包含以下两个要素：一是经济领论；二是国权论。由此可见，德川齐昭的外交观比较系统、完整。无论什么时代，无论哪个国家，外交问题都是以经济和国权为基础的。德川齐昭认为：

> 从经济上讲，在文政和天保年间，从上到下喜好奢靡。有识之士和有作为的幕府为政者把奢靡看作蛇蝎，认为奢靡会导致亡国，只有节俭才能做到经世济民。而与外国进行贸易必然会助长奢靡之风。一直以来，日本与荷兰进行贸易，日本获益很少，希望中止日本与荷兰之间的贸易。从国权上讲，日本承平日久，士气不振。不仅如此，在战术上和兵器上日本都比不上西方列强。因此，我们要制造西式船、枪炮。我们还要改变日本传统的阵法，采用西式的练兵法练兵。

因此，在《海防愚存》中，德川齐昭指出：

> 我们应该委托荷兰为我们购买军舰、枪炮。我们不应进口供赏

玩的珍奇花草和熊皮、虎皮等货物，而要进口大炮。我主张只有在迫不得已的情况下才和欧美各国一战。我们在与欧美各国交往时，一定要避免以下认识误区：有人误认为欧美各国和我日本交流的目的是吞噬我日本的国土。有人认为如果欧美各国对我们友善，是为了用花言巧语欺骗我们。有人认为如果欧美各国对我们态度强硬，是在恫吓我们。因此，我们日本人讨厌欧美人的原因在于我们以小肚鸡肠猜忌、忖度欧美人。另外，日本人非常讨厌基督教，因为这个原因日本人讨厌外交活动。我们现在已经知道和欧美国家交战日本没有任何胜算。我们尽可能减少交易，坚决杜绝进口奢侈品。我们要进口日本没有的有实用价值的军火等商品。

当时，德川齐昭虽然有藤田东湖辅佐，但对国际形势了解很少。因此，德川齐昭列举日本国内的案例论述对外贸易是否对日本有利：

在东照大权现①和台德院②时期，对外贸易对日本有利，因而德川幕府和外国开展贸易。到了大猷院③时期，对外贸易对日本不利，因此幕府禁止对外贸易。是采取门户开放政策还是闭关锁国政策取决于哪种政策对日本有利。也就是说，我们日本要走自主外交的道路。如果我日本拒绝和外国建立外交关系，外国没有理由也没有权力强求和我日本建立外交关系。如果我日本一连拒绝数次，外国还是强迫我日本与其建立外交关系，我们就不惜与外国一战。美国海军将领马休·佩里率军舰来到浦贺是第一次。此前，英国舰队、俄国舰队不断来到长崎和函馆，要求与日本通商。而日本官员每次都

---

① 东照大权现，即德川家康，生于1542年，死于1616年，是日本德川幕府的第一代征夷大将军，1603年到1605年在任。
② 台德院，即德川秀忠，生于1579年，死于1632年，是日本德川幕府的第二代征夷大将军，1605年到1623年在任。
③ 大猷院，即德川家光，生于1604年，死于1651年，是日本德川幕府的第三代征夷大将军，1623年到1651年在任。

坚持闭关锁国的祖宗之法,毫不让步。英国人和俄国人无计可施,每次都离开了日本海面。由此观之,这次和马休·佩里打交道也应该如此。如果美国人不讲道理,逼迫我日本开放门户、通商,我们就要让美国人知道我们不惜一战。我们只要发射一两炮,美国人就会明白没有必要为了和日本建立外交关系而开启战端,造成人员伤亡和物质损失。因而,美国会打消和日本建交的念头。即便美国人还不甘心,仍然要求通商的话,只能向日本要求小规模的贸易。不过,我幕府负责谈判的人要有技巧,要巧妙地拒绝美国人的要求。

在对待外国人方面,藤田东湖比德川齐昭的态度更强硬,假如德川齐昭和藤田东湖通晓国际形势,从一开始就主张门户开放并对日本全国的士民因势利导,日本全国的士民就会积极响应,讨论与外国签订条约的事情。这样一来,日本就会按照《万国公法》和欧美各国进行交涉,签订平等的条约。这样的话,德川幕府也不会因为签订丧权辱国的条约而遭到朝野的反对。然而,遗憾的是,事实并非如此。德川齐昭、藤田东湖等以日本先觉者自居的人物也有时代局限性。

水户藩和朝廷关系密切。德川齐昭曾与关白①九条尚忠有书信往来。不过,其中的一些书信是水户藩藩士冒充德川齐昭写的。其中不乏蛊惑人心的内容。德川齐昭有一个姐姐、一个妹妹,姐姐从子嫁给了二条齐信,妹妹清子嫁给了鹰司政通。九条尚忠是二条治孝的儿子、二条齐信的弟弟。九条尚忠后来到九条家做了养子。二条治孝的夫人亦即九条尚忠的嫡母是水户藩藩主德川宗翰的女儿。由此可见,德川齐昭和九条尚忠关系密切。即便水户藩藩士冒充德川齐昭写信给九条尚忠,世人基于水户藩和九条尚忠的这一亲密关系,也不会怀疑书信的真实性。安政五年(1858年)正月,德川齐昭还写信给前关白鹰司政通。嘉永六年(1853年)八月十八日,藤田东湖写信给鹰司政通。当时,鹰司政通的官职是关白。水户藩有个藩士叫石河德次郎,德川齐昭、藤田

---

① 关白,辅佐成年天皇的官职,是令外官,也是公卿中位次最高的官员。

东湖、户田银次郎委托他到京都与公卿们搞好关系。为了便于工作，石河德次郎以太阁[1]鹰司政通的夫人的信使的身份和公卿们来往。在从水户藩到京都之际，德川齐昭赏赐给石河德次郎佩刀，鼓励他圆满完成使命。石河德次郎精明强干，不辱使命。到京都之后，石河德次郎不辞辛苦，出入鹰司政通、近卫忠熙、三条实万等的宅邸进行游说，颇有效果。三条实万看到石河德次郎态度诚恳、任劳任怨，曾经把石河德次郎的意见上奏给孝明天皇[2]。安政四年（1857年）七月，石河德次郎去世，享年六十二岁。石河德次郎为人忠厚，德川齐昭、藤田东湖、户田银次郎派他去京都并非为了玩弄权谋，而是为了向公卿们宣扬水户藩的锁国攘夷论。锁国攘夷论的大致内容是：

> 外夷生性贪婪，阴谋吞并日本，我们应当敬而远之。与外夷通商对日本有害而无利，锁国攘夷才是我日本的正道。

水户藩的这些观点对公卿们的影响根深蒂固。当时，日本各地的有志之士云集京都，鹈饲氏父子留守水户藩驻京都的藩邸，不断地在公卿之间宣扬水户藩的锁国攘夷论。石河德次郎和丰田小太郎也不遗余力地宣传水户藩的锁国攘夷论。二条治孝的夫人和鹰司政通的夫人都来自水户藩，她们将《大日本史》《八州文藻》及德川齐昭亲手制的琴赠送给朝廷重臣。水户藩在京都的势力不断扩大，为后来京都锁国攘夷论的盛行、朝廷向水户藩下达敕令、德川庆喜继嗣等奠定了坚实的基础。

---

[1] 太阁，是摄政、关白让渡职位之后的专有称号。
[2] 孝明天皇，日本第121代天皇，在位时间为1846年到1867年。

第 2 章

关西的形势和萨摩藩

第 1 节 萨摩藩崛起的原因

位于日本西南端的萨摩藩自古以来一直维持着割据状态,俨然是一个独立王国。在古代,萨摩藩居住着隼人①,受同化程度不及日本其他地区。隼人动辄反叛日本中央政府。日本东北的奥羽地区自古以来就是京都中央政府鞭长莫及之地。在镰仓幕府②设立之际,源赖朝③讨伐奥羽地区,将奥羽地区置于镰仓幕府的统治之下。然而,唯独萨摩藩一直维持着独立状态,岛津忠久以岛津庄司的身份掌握着萨摩藩的一切权力,不受镰仓幕府的管辖。室町幕府④的统治范围远远小于镰仓幕府,岛津氏实力雄厚,室町幕府奈何不了岛津氏。丰臣秀吉⑤曾经西征,让岛津氏胆寒。然而,丰臣秀吉并未进攻到岛津氏的腹地就罢兵了。在鼎盛时期,德川幕府的势力很大,超过了以前的任何一个幕府政

---

① 隼人,指的是日本古代九州南部地区的原住民。
② 镰仓幕府,是日本的第一个幕府政权,由源赖朝建立,政治中心设在镰仓,存在时间为1185年到1333年。
③ 源赖朝,生于1147年,死于1199年,是日本幕府制度的创立者,也是镰仓幕府的首任征夷大将军。
④ 室町幕府,是日本的第二个幕府政权,由足利尊氏建立,存在时间为1338年到1573年。
⑤ 丰臣秀吉,生于1537年,死于1598年,是日本战国时代末期至安土桃山时代的大名,在主君织田信长经营的基础上,通过一系列征伐活动与政治联盟,实现了日本自15世纪中期以后首次形式上的统一。

权。然而，岛津氏的萨摩藩距离德川幕府的根据地关东地区路途遥远，并且萨摩藩的士兵骁勇，社会组织制度也与日本其他地区截然不同，德川幕府鞭长莫及。在长达二百六十余年的德川幕府时期，在三百大名中，实力雄厚的大名和中等大名都通过政治联姻或者收德川氏的二儿子、三儿子等为养子与德川幕府保持亲密关系。唯独岛津氏和毛利氏坚决拒绝与德川幕府联姻，维持了纯粹的血统。岛津氏实行的是彻底的闭关锁国政策。时至今日，去萨摩旅行的人看到萨摩地区的社会组织结构与日本其他地区迥异，也会感到惊诧。

岛津重豪时期，萨摩藩改弦更张，开始实行门户开放政策。岛津重豪来自岛津家的支脉加治木家族，后来做了岛津家主脉的嗣子，继任萨摩藩藩主。岛津重豪的行为方式和性格酷似第十一代征夷大将军德川家齐。文化五年（1808年），岛津重豪开始大刀阔斧地改革。岛津重豪有十五个儿子、十三个女儿。岛津重豪豪迈豁达，被关西的大名嘲笑为"萨摩唐人"或"挖红薯的武士"。早在做嗣子的时候，岛津重豪就在语言、举止上学习江户、京都、大阪地区的大名，还下令萨摩藩藩士都要如此。岛津重豪在政务、官职名称、组织功能等方面都刻意模仿德川幕府。岛津重豪设立了造士馆、演武馆等，鼓励藩士演练武艺。岛津重豪还重视文化教育事业，设立医学院、天文馆，改革历法。此外，岛津重豪还在萨摩藩的各地设立植物园、药园、牧场等，聘请荷兰人西伯尔特给萨摩藩民众教授各种科学知识。岛津重豪不再坚持闭关锁国政策，将女儿茂姬嫁给了德川家齐。岛津重豪的曾孙岛津齐彬娶了德川齐敦的女儿英姬。岛津齐彬将养女笃子嫁给了征夷大将军德川家定。

岛津重豪的改革也带来了弊端，萨摩藩内出现了妓院、餐馆，质朴敦厚的萨摩藩的社会风气开始发生变化。岛津重豪隐居后，其儿子岛津齐宣继任藩主。由于不断推进改革，世风崇尚奢华，士气衰落，财政窘迫。为了改变这一现状，岛津齐宣任用秩父伊贺、桦山相马等，发布俭约令，改变社会风气。岛津齐宣还建议德川幕府改革参勤交代①制度，每十年到江户执勤。这一措施过

---

① 参勤交代，日本德川幕府时代的一种制度，各藩的大名需要前往江户替德川幕府的征夷大将军执行一段时间的政务，然后返回自己的领地执行政务。

于激进。岛津齐彬继任藩主之后，为了延长参勤交代的间隔，和阿部正弘交涉，却无果而终。到了松平春岳任政务总裁时期，延长参勤交代间隔的改革才得以实施。在江户的岛津重豪听说岛津齐宣积极进行政治改革之后十分不悦。德川幕府也对岛津齐宣的措施不满意。于是，德川幕府以岛津重豪的名义废黜了岛津齐宣，任命岛津齐兴继任萨摩藩藩主，秩父伊贺和桦山相马被免职。

文化六年（1809年），岛津齐兴继任萨摩藩藩主，他完全按照岛津重豪的意愿处理藩政，在学问上只允许教授程朱理学。这些施政措施导致学问不振、士气颓废。当时，《兵六梦物语》一书在萨摩藩广为流传，如实地讲述了当时的情况。岛津齐兴有三个儿子，长子是岛津齐彬，是岛津家族第二十八代英主；二儿子是岛津齐敏，做了冈山藩的藩主；三儿子是岛津久光。岛津齐敏

岛津齐兴

岛津久光

做了别人家的养子，很早就离开了岛津家。就立岛津齐彬还是岛津久光为嗣子，萨摩藩藩士分成了两派，争斗不休。岛津齐彬的母亲是正室，是鸟取藩藩主池田治道的女儿。岛津久光的母亲是侧室冈田氏。岛津齐彬在曾祖父岛津重豪膝下受教，具有远见卓识，英迈豁达。岛津齐彬喜欢和天下名士交往，意图在政治上有所作为。萨摩藩的重臣岛津丰后是守旧派人物，只知道逢迎德川幕府。岛津丰后与岛津久光的母亲冈田氏合谋，想废掉岛津齐彬，立岛津久光为嗣子。重臣岛津久武、岛津清太夫等获悉了岛津丰后的计划后，深感忧虑，打算予以阻止。然而，岛津久武等的计划泄露，被迫自杀，一伙的其他人被命令闭门思过。

第2节　岛津齐彬

　　岛津齐彬有经天纬地之才，不可多得。如果没有岛津齐彬，萨摩藩的西乡隆盛等不会在明治维新中建立丰功伟业。岛津齐彬豁达大度，为人孝悌。岛津齐彬对父亲岛津齐兴和弟弟岛津久光毫无怨恨之情。不仅如此，岛津齐彬还善待父亲岛津齐兴宠信的岛津丰后和岛津久光的母亲冈田氏。因此，岛津齐兴并不知道岛津丰后和冈田氏打算除掉岛津齐彬立岛津久光一事。岛津齐彬虽然在四十岁时还是嗣子的身份，但一直隐忍并安慰志士[①]，同时善待政敌。从这一点可以看出，岛津齐彬绝非凡人。松平春岳曾经这样评价岛津齐彬：

岛津齐彬

[①] 志士，指的是日本幕末时期秉持尊王攘夷思想而开展政治活动的人士。

> 岛津齐彬是我的良师益友，为明治维新做出了重大贡献。岛津齐彬德才兼备，学富五车，东洋西洋学问无不通晓。在岛津齐彬的熏陶下，西乡隆盛、大久保利通等人才辈出。

岛津齐彬为振兴萨摩藩做出了重大贡献。嘉永四年（1851年），岛津齐彬在四十三岁时继任藩主。安政五年（1858年）七月，岛津齐彬去世，谥号顺圣公。岛津齐彬仅仅做了七年藩主，但他建立的丰功伟业可以光照千年。时至今日，鹿儿岛的人依然在称赞顺圣公。岛津齐彬为萨摩藩制定了尊王、外交、民治、军备、财政、教育、殖产兴业、录用人才等政治方针，为日本的明治维新奠定了基础。其中对日本政治影响最大的就是促进萨摩藩和德川幕府联姻，以及主张德川幕府和朝廷和睦相处。

岛津齐彬胸怀天下，想为整个日本做一番大事业。然而，德川幕府的祖宗之法规定：只有德川家族才能掌握日本全国的大权，处理政务的只有俸禄很少的谱代大名①和旗本武士②，皇室和外藩大名不能参与幕府政务。岛津齐彬认为这个制度不合理，指出：

> 幕府应该尊重皇室，采纳大名的建议，顺应民心，处理政务。大名仅仅处理好自己藩国内的政务而不关注日本全国的安危，这一做法是不可取的。幕府应该和大名一起尊重皇室，统治人民。这才是顺应民心和形势的好制度。因此，幕府需要进行改革，巩固统治基础。

在外藩大名中，德川幕府最忌惮的就是毛利氏和岛津氏。在天保年间，首席老中水野忠邦说过，灭亡德川幕府的必然是萨摩藩和长州藩。之后，首席老中阿部正弘也对松平春岳讲过同样的话。松平春岳说：

---

① 谱代大名，日本德川幕府时代的大名中，在关原之战以前就追随德川家康的大名，是世袭大名，大多位居幕府要职。
② 旗本武士，日本武士的阶层之一，在德川幕府时代指的是俸禄未满一万石，但有资格在征夷大将军出场的仪式上出现的德川将军家的直属家臣。

岛津齐彬绝没有这样的野心。不过，这要看幕府怎样驾驭萨长二藩了。如果方法不当，就像自己养的狗也要咬主人一样。

　　阿部正弘非常赞成松平春岳的上述观点。阿部正弘宽宏大量，能够容人，更何况岛津齐彬是优秀的大名，所以他善待岛津齐彬。岛津齐彬也深感要想实现自己的政治抱负，必须消除德川幕府对岛津家的怀疑。于是，岛津齐彬决定接近阿部正弘，搞好与德川幕府的关系，协助德川幕府进行政治改革。

　　当时，萨摩藩内部分为岛津齐彬派和岛津久光派，两派争斗得很激烈。岛津齐彬想借助德川幕府的力量调解两派的争斗。岛津齐彬打算将岛津家的女儿嫁给征夷大将军德川家定，搞好与德川幕府的关系。于是，岛津齐彬和阿部正弘及松平春岳商量此事。德川家定最初娶了鹰司氏的女儿，但鹰司氏的女儿病故了。后来，德川家定娶了一条忠良的女儿，一条忠良的女儿也早亡了。当时，德川家定还没有夫人。松平春岳和阿部正弘赞成岛津齐彬的建议，尽力撮合。于是，岛津齐彬把自己家族的笃子收为养女。进而，岛津齐彬将笃子作为近卫忠熙的养女嫁给德川家定。这样一来，岛津家和德川幕府关系和睦，阿部正弘开始依靠萨摩藩，萨摩藩也开始依靠德川幕府。岛津齐彬打算协助德川幕府进行政治改革。岛津齐彬意识到：

　　日本和外国通商是不可避免的，绝不能人为地设置障碍。弘化年间以来，琉球已经开始和欧美国家做贸易了。日本开放门户与外国建交、通商是不可阻挡的世界大势。如果要与外国对抗，必须大刀阔斧地改革幕府的政治制度。

　　岛津齐彬的改革方案已经成形，其宗旨是"公武合体"，字面意思是公卿和武士团结一致，不分彼此。岛津齐彬在改革方案中指出：

　　水户藩的德川齐昭是德川幕府将军的至亲，又是长辈，颇有豪杰之气。德川齐昭倡导勤王，在日本广受瞩目，众望所归。不仅如此，德川齐昭还有藤田东湖、户田银次郎等贤臣辅佐。我们应该推举德川齐昭主持幕府政务，让福井藩、萨摩藩、土佐藩、肥前藩的大名担任幕府的要职，提拔任用各藩国有才能的藩士，遵奉朝廷的旨意处理政务。

为了实现这一计划，岛津齐彬派西乡隆盛四处活动。之后，德川幕府和萨摩藩的关系走得越来越近。安政二年（1855年）十月二日，江户发生大地震，很多房屋倒塌，藤田东湖和户田银次郎丧生。德川齐昭痛失股肱之臣。在日本，德川齐昭被誉为水户藩的"名君"，这与藤田东湖和户田银次郎的辅佐分不开。德川齐昭对待藤田东湖，就像齐桓公对待管仲一样，在日本传为美谈。藤田东湖和户田银次郎过世后，德川齐昭元气大伤。岛津齐彬闻此噩耗十分痛心，萨摩藩藩士对水户藩的这一变故也颇感惋惜。不过，阿部正弘健在，

江户大地震

并且依然是德川幕府的首席老中。只要这一状况持续，德川幕府进行彻底改革的希望还是有的。然而，日本内忧外患频仍，阿部正弘体弱多病，一人无法支撑下去。于是，阿部正弘决定提拔堀田正睦为老中，让堀田正睦负责外交事务，自己负责内政改革。阿部正弘厚待德川齐昭，防止德川幕府与水户藩出现隔阂。与此同时，阿部正弘在岛津齐彬的协助下改革内政。岛津齐彬和尾张藩藩主德川庆胜、松平春岳、伊达宗城等意气相投，打算立德川庆喜为征夷大将军德川家定的世子。德川庆喜是德川齐昭之子，聪明干练。岛津齐彬将这个计划作为改革幕府内政的第一步来实施。岛津齐彬不仅进行藩政改革、筹备幕政改革，还派人到京都打探朝廷的动向，为公武合体做准备工作，最终实现勤王的愿望。安政四年（1857年）六月十七日，德川幕府的核心人物阿部正弘病故。阿部正弘是岛津齐彬改革幕政的希望，这对幕府和岛津齐彬来说都是很大的不幸。此后，德川幕府和萨摩藩之间失去了维系亲密关系的桥梁，德川幕府开始对萨摩藩满腹狐疑。岛津齐彬也开始和德川幕府离心离德。

　　基于天性，岛津齐彬的尊王意识根深蒂固。在京都皇宫失火重建时，岛津齐彬觉得原来的皇宫占地面积太小，便与德川庆胜一起上书德川幕府，建议增加皇宫的占地面积，修建更宏伟的皇宫。自古以来，岛津家族和近卫家族关系密切。岛津齐彬的妹妹是近卫忠熙的夫人，两家的关系更加亲密。尾张藩和近卫家族、岛津家族联姻，尾张藩藩主德川宗胜的大女儿嫁给了岛津宗信，德川宗胜的三女儿嫁给了近卫内前。之后，尾张藩、近卫家族、岛津家族关系密切。萨摩藩藩主经过尾张藩时受到隆重接待，尾张藩的家臣也有在近卫家族效力的。岛津齐彬和德川庆胜、近卫忠熙性情相投。安政四年四月三日，在征得德川幕府的同意后，岛津齐彬从江户出发，归途中路过京都，和近卫忠熙、三条实万等公卿促膝交谈，讨论国事。岛津家族每一代藩主都要到京都拜访近卫家族，这已成为岛津家族的惯例。不过，岛津齐彬此行并非只是问候近卫忠熙，而是有大事相商，他希望近卫忠熙能为公武合体尽力。近卫忠熙非常高兴，将此事奏明孝明天皇。

　　岛津齐彬回到萨摩藩后，听到阿部正弘病故的噩耗，心情很沉重。本

近卫家族的标志——近卫牡丹

来，岛津齐彬已经下定决心，和阿部正弘里应外合进行幕政改革。而今，岛津齐彬失去了靠山，非常失落。岛津齐彬和刚上台的堀田正睦不熟悉，堀田正睦的心胸没有阿部正弘宽广，和萨摩藩、水户藩的关系都搞得很紧张。在江户时，岛津齐彬曾经和阿部正弘商议与京都的近卫忠熙、三条实万等公卿联手实现公武合体。如今，尾张藩、土佐藩、宇和岛藩都支持岛津齐彬，但岛津齐彬失去了阿部正弘这个内应。于是，岛津齐彬只能借助朝廷的力量促使德川幕府进行改革。与此同时，岛津齐彬打算拥立德川庆喜为征夷大将军世子，执行尊王政策。此时，阿部正弘病故，给幕政改革带来了重创。值得庆幸的是，堀田正睦负责外交事务，倾向于门户开放，主动与美国签订通商条约，允许美国公使汤森·哈里斯拜谒征夷大将军。堀田正睦前往京都上奏朝廷，请求批准条约。最终，堀田正睦没有得到朝廷的批准，快快不乐地回江户去了。

在为征夷大将军德川家定立世子的问题上，出现了南纪派①和一桥派②，两派斗争激烈。堀田正睦支持一桥派，南纪派拉拢井伊直弼，并让井伊直弼坐上了大老③的宝座。堀田正睦失势，退出德川幕府。在汤森·哈里斯的逼迫下，井伊直弼出于无奈，未经朝廷批准就和汤森·哈里斯签订了通商条约。之后，井伊直弼将具体经过上报朝廷。反对派指责井伊直弼抗旨不遵，导致政局不稳。井伊直弼派老中间部诠胜到京都劝说朝廷追认条约。朝廷迟迟不给答复，井伊直弼、间部诠胜只好采取威胁、恐吓和高压手段逼迫朝廷就范。于是，井伊直弼和间部诠胜严厉惩罚朝廷公卿，逮捕志士。岛津齐彬回到萨摩藩之后，西乡隆盛等留在江户继续四处活动。安政五年（1858年）五月十七日，西乡隆盛离开江户来到京都，和萨摩藩及其他藩国的志士交流。之后，西乡隆盛于安政五年六月七日回到萨摩藩。西乡隆盛拜见岛津齐彬，讲了日本的国内形势之后，对岛津齐彬说："大老井伊直弼专权，幕府已经无可救药了。"

安政四年（1857年），岛津齐彬在京都接受了朝廷的密令之后回到萨摩藩。之后，岛津齐彬积极进行藩政改革，振作士气，修建西式炮台，设立兵器制造厂，训练士兵，以备不时之需。岛津齐彬在接到西乡隆盛的报告后，下定了决心：

> 亲自率领三千精兵进入京都，守卫皇宫，让迟疑不定的大名们决定是跟幕府还是皇室。之后，通过朝廷敕令敦促幕府进行改革，以期实现公武合体。

岛津齐彬派西乡隆盛送信给德川庆胜、德川齐昭、松平春岳、伊达宗城等志同道合的大名。岛津齐彬命令镰田出云回到萨摩藩，让西乡隆盛来往于江

---

① 南纪派，是指试图拥立纪伊藩藩主德川庆福做征夷大将军世子的政治力量。
② 一桥派，是指试图拥立一桥德川家家主德川庆喜做征夷大将军世子的政治力量。
③ 大老，是日本德川幕府的官职，负责辅助征夷大将军管理政务，地位在老中之上，是临时性的最高职位。

大久保利通

户和京都之间游说大名和公卿。安政五年（1858年）七月七日，西乡隆盛奉岛津齐彬之命来到大阪。西乡隆盛见到了土佐藩藩士大久保利通等重要人物，听说了尾张藩、水户藩、土佐藩的大名受到德川幕府惩戒一事。西乡隆盛非常愤慨，准备四下联络志士，却接到了岛津齐彬病故的噩耗，惊愕痛惜不已。镰田出云奉岛津齐彬之命于安政五年八月十五日来到美浓的落合。这时，近卫忠熙派密使叫来镰田出云商议如何实现公武合体。

岛津忠义

岛津齐彬在去世前很早就想立弟弟岛津久光的儿子岛津忠义为嗣子。在临终之际，岛津齐彬叫来岛津忠义，让他继任萨摩藩藩主，让岛津久光做岛津忠义的监护人。从临终的这一决定可以看出岛津齐彬的人格魅力。后人评价岛津齐彬说："在我维新大业渐入佳境之际，岛津齐彬这个伟人逝去了，可惜可叹！"

第3节　岛津齐彬去世后的萨摩藩

岛津齐彬死后，岛津忠义继任萨摩藩藩主。岛津忠义年幼，由岛津久光处理藩政。岛津久光因循守旧，才能平庸，但德行很好，尊重皇室。比起陆军，岛津久光更重视海军。在当时的大名中，岛津久光算得上是杰出的人物。岛津久光继承了岛津齐彬的遗志，励精图治，打算为公武合体尽力。然而，此时萨摩藩的实权落到了父亲岛津齐兴手里，岛津久光不能如愿。这样一来，岛津丰后等得到了岛津齐兴的宠信，执掌藩政。镰田出云提出了很好的建议，但岛津丰后说："等岛津齐兴大人回来后再定。"不予采纳。最终，镰田出云忧愤而死。岛津齐兴回到萨摩藩之后，觉得镰田出云的建议不能完全忽视，于是采纳了一部分。

这时，日本国内动荡不安。德川幕府采用高压手段向朝廷施压。志士们都把岛津齐彬看作泰斗。岛津齐彬病逝后，萨摩藩政出现了较大的变动。岛津丰后奉岛津齐兴之命执掌藩政，唯德川幕府马首是瞻，以期维护萨摩藩的地位。因此，萨摩藩内开始派别林立。萨摩藩藩士西乡隆盛制订了下述计划："继承岛津齐彬的遗志，联合萨摩藩、福井藩、土佐藩、宇和岛藩的藩士们出兵京都，火烧彦根城，通过朝廷敕令逼迫幕府改革。"后来，计划泄露，很多志士被捕。西乡隆盛逃回萨摩藩，无处容身，投海自尽，醒过来之后，发现自己漂流到了大岛。其他藩国的志士们纷纷离开自己的藩国，四处结交有志之士。留在江户的萨摩藩藩士和水户藩藩士谋划暗杀大老井伊直弼。留守江户的萨摩藩重臣新纳骏河严令萨摩藩藩士回萨摩藩。

井伊直弼在樱田门外被杀后，日本国内的局势越来越动荡，前景一片黯淡。此时，萨摩藩藩主岛津忠义该到江户执勤了。伊地知贞馨等在江户萨摩藩藩邸放火，请求德川幕府允许岛津忠义延期到江户执勤。然而，萨摩藩迟迟不动工修建新的藩邸，德川幕府给萨摩藩筹资，萨摩藩这才开始动工。这时，岛津齐兴已经去世，萨摩藩的实权又回到岛津久光手中。当时，日本国内形势发生巨变，岛津久光因循守旧，政策措施不能适应新的形势。文久元年（1861年），平野次郎等志士来到萨摩藩，游说萨摩藩藩士从事勤王事业。于是，大批藩士离开萨摩藩。岛津久光深感有必要改革藩政，一方面发布命令防止藩士人心动摇，另一方面着手改革藩政。

岛津久光进行藩政改革的第一个措施就是罢免了岛津丰后的职务，让岛津下总取代岛津丰后。之后，岛津久光更换了萨摩藩的官吏，提拔任用了大久保利通、中山中左卫门等，有志之士开始有了用武之地。大久保利通写信给西乡隆盛，告知了他这一情况。西乡隆盛也回到了萨摩藩。岛津下总主张改革藩政，抵御外寇。这时，各藩的志士们奔走于京都和摄津之间。孝明天皇的妹妹和宫亲子内亲王①和第十四代征夷大将军德川家茂结婚。在长州藩藩士长井雅乐的周旋下，志士们谋划举兵。大久保利通等意识到当时不能徘徊不前，丧失良机，应该积极促成公武合体，实现德川齐昭的愿望。萨摩藩内很多志士都赞成大久保利通的这一想法。之后，岛津下总辞职。大久保利通等决定在文久二年（1862年）春天向京都进军，命伊地知贞馨先行出发，往来于江户和京都之间做准备工作。伊地知贞馨到江户之后，新的萨摩藩藩邸已经竣工，但岛津忠义年幼，岛津久光代替岛津忠义前往江户执勤，参与幕政。

第4节 岛津久光东上和寺田屋事件

幕末时期，日本国内动荡不安，各藩国的有志之士云集京都开展尊王攘夷运动。公卿的侍臣穿梭于志士和公卿之间，为志士和公卿传递消息。朝廷公卿中山忠能的家臣田中河内介颇有胆略，和萨摩藩、长州藩的志士交往。中山忠能长期以来一直任首席议奏，中山忠能的两个儿子中山忠爱、中山忠光都是皇亲②，胆略过人，喜欢和志士交往。文久元年（1861年）春，田中河内介到九州游学，广交志士。文久元年四月，田中河内介回到京都，和大久保利通、西乡隆盛等谋划让朝廷颁发特命，起用德川庆喜和松平春岳，为尊王攘夷开辟道路。大久保利通等派人联系田中河内介，通过田中河内介和中山忠爱等谋划尊王攘夷之事，中山忠爱表示赞成。当时，关白九条尚忠和京都所司代③酒井忠义掌握着京都的实权。酒井忠义的家臣藤田权兵卫等促成了和宫亲子内亲王

---

① 内亲王，日本女性皇族的一种封位，相当于"公主"的称号。
② 中山忠爱的妹妹、中山忠光的姐姐中山庆子是孝明天皇的典侍。
③ 京都所司代，是幕府的一种官职，一般由谱代大名担任，是幕府在京都的代表，负责幕府与朝廷的交涉，监察朝廷、公卿和关西大名的举动，维持京都的治安。

和德川家茂的婚事。志士们对九条尚忠和酒井忠义恨之入骨，与田中河内介商议如何除掉这两人。

堀田正睦上京奏请朝廷追认条约时，朝廷不答应。川路圣谟拜访久迩宫朝彦亲王时威胁说："如果天皇陛下始终坚持攘夷政策，幕府不得已会采取非常手段，以换取日本永久的和平。"后来，关东地区有传闻说，有一股势力让和学讲谈所的高次郎调查历史上是否有废黜天皇的先例。长州藩的伊藤博文暗杀了高次郎。还有人说纪伊藩的水野忠央等想要调查废黜天皇的先例。本来这些传闻就是子虚乌有。之后，这些传闻传到了江户，志士们认为其奇货可居，

伊藤博文

将其作为谴责德川幕府的绝好材料。也有人相信德川幕府有废黜天皇的企图。于是，关东人安积五郎等和中山忠爱商议让九州等地的志士前往京都，又派福冈人平野次郎到萨摩藩，劝说岛津久光尊王攘夷。岛津久光见平野次郎夸夸其谈，靠不住，给了一些钱将他打发走了。

老中安藤信正在江户的坂下门外遭到一些浪人的袭击。这个消息传来后，京都的志士们都跃跃欲试，通过田中河内介和中山忠爱商议发出采取行动的檄文。大久保利通有事离开京都回萨摩藩去了。真木保臣带着檄文在肥后藩等着大久保利通，计划见面后商议。长州藩看到萨摩藩计划采取行动，不甘落后，也积极采取行动。

坊间传闻萨摩藩打算和浪人们一起举兵。浪人们听说后欢呼雀跃，纷纷响应。在尊王问题上，岛津久光的诚意丝毫不比浪人们差。然而，岛津久光是萨摩藩藩主岛津忠义的父亲，其言行代表着萨摩藩，在举兵问题上是不会轻举妄动的。因此，让岛津久光亲自率兵东上或者参与举兵只不过是浪人们的一厢情愿。不过，浪人们认为萨摩藩会举兵并非捕风捉影。

此前，萨摩藩因要看德川幕府的脸色行事，将西乡隆盛流放到大岛。西乡隆盛被召回后，大久保利通命令西乡隆盛说："我们推举你做总指挥。此次先派你视察九州的形势，然后你留在马关，等着岛津久光到来。"于是，西乡隆盛带着村田新八于文久二年（1862年）三月三日离开了鹿儿岛。文久二年三月十六日，岛津久光也离开了鹿儿岛。西乡隆盛视察了肥后、筑前等地，发现所到之处局势动荡。西乡隆盛于文久二年三月二十二日到达马关，得知岛津久光打算以上京为契机举事。西乡隆盛在村田新八等的陪同下，从马关出发东上，打算在京都与大阪之间开展活动，配合岛津久光实现计划。到了大阪之后，西乡隆盛发现长州藩的长井雅乐、萨摩藩的伊地知贞馨等正在倡导公武合体论，并在朝廷公卿之间进行游说。与此同时，田中河内介、平野次郎等正在计划推举岛津久光为盟主夺取天下。西乡隆盛认为萨摩藩应该利用这一形势挫伤德川幕府的威风，应该反对公武合体论。西乡隆盛其实并不赞成田中河内介等的计划。

因为大久保利通和西乡隆盛的上述行动，浪人们一厢情愿地认为萨摩藩会支持自己的行动。从表面上看，西乡隆盛支持浪人们举事。这也是不可否认的事实。海江田信义作为岛津久光的先遣队先行到京都，见到平野次郎后听说了西乡隆盛的情况，并向岛津久光做了汇报。西乡隆盛在马关不等岛津久光到来就擅自去京都了。岛津久光又听说西乡隆盛参与了浪人们的举兵。岛津久光对西乡隆盛的这一做法十分不满。当西乡隆盛在兵库迎接岛津久光时，岛津久光就命令大久保利通、海江田信义让西乡隆盛、村田新八等回萨摩藩。岛津久光的这一举措让急于举事的浪人们颇感意外。

此时，宫部氏等在熊本藩积极活动，打算让整个藩国举兵响应主张尊王攘夷的浪人们。熊本藩藩主细川韶邦的弟弟细川护久、长冈护美等认为在藩主

细川韶邦

不在藩内期间轻举妄动是不合适的。因此,细川护久、长冈护美竭尽全力压制藩内的志士们。志士们无法离开熊本藩前往京都支持京都的浪人们。松田重助以前就离开了熊本藩,此时正在丹后一带游说。然而,赞成松田重助言论的人寥寥无几。

海贺宫门等有志之士潜藏在大阪藩邸。福冈藩藩主黑田长溥也是岛津氏一族,当时他已经从福冈藩出发,准备到京都伏见和岛津久光共商勤王之策。

黑田长溥

久坂玄瑞

平野次郎、伊牟田尚平等志士认为黑田长溥的这一举措会给自己的活动带来障碍。于是，平野次郎、伊牟田尚平扮作岛津久光的使者，将黑田长溥迎接到播州大藏谷，劝黑田长溥返回福冈藩。黑田长溥听信了平野次郎和伊牟田尚平的话，回到了福冈藩。

长州藩的堀真五郎来到京都，与常驻京都伏见的长州藩的久坂玄瑞等商议袭击酒井忠义的府邸。土佐藩的吉村虎太郎等打算响应长州藩志士们的这一计划。浪人们住在大阪、京都的萨摩藩藩邸和长州藩藩邸及大阪中之岛的客栈等。这时，岛津久光已经到了大阪的萨摩藩藩邸。岛津久光下令严禁萨摩藩藩士和浪人们接触，没有命令萨摩藩藩士不得擅自外出活动。

平野次郎意识到岛津久光行为处事因循守旧，只好先到京都，托住在伏见的熟人吉田重义将自己的想法总结为时务三策，上奏朝廷，指出："事到如今，一些公卿依然打算通过公武合体来实现锁国攘夷的目的。这一做法不合时宜，当务之急是恢复朝廷的大权。"

真木保臣、小河一敏等志士经过商议决定：

> 岛津久光因循守旧，指望不上。而今，久迩宫朝彦亲王被幽禁在相国寺。我们可以把久迩宫朝彦亲王解救出来推举为盟主。进而，我们请求久迩宫朝彦亲王进宫见天皇，商议大事。

岛津久光听说此事后，认为浪人们的计划过于大胆激进，离开大阪来到京都伏见的萨摩藩藩邸。这时，小河一敏等住在大阪萨摩藩藩邸的志士们也来到伏见，打算潜入萨摩藩藩邸。岛津久光传令："伏见的萨摩藩藩邸狭小，不准入内，一律返回大阪的萨摩藩藩邸。"志士们感到很意外，打算强行进入伏见的萨摩藩藩邸，海江田信义却不同意。

田中河内介在岛津久光抵达伏见之前就回到了京都，和中山忠爱谋划举事。中山忠爱派人将亲笔信送给田中河内介，结果信中途丢失，落到了德川幕府官吏手中，中山忠爱等的计划泄露。京都町奉行派人严密监视中山忠爱的府邸，搜寻田中河内介的下落。酒井忠义也让传奏广桥氏禀奏朝廷注意浪人们的动向。这样一来，朝廷和德川幕府联手共同提防浪人们发动暴乱。浪人们即便想发动暴动也无法付诸实施。本来，浪人们把岛津久光奉为盟主。然而，岛津久光因循守旧、谨小慎微，浪人们反受其害。

文久二年（1862年）四月十六日，岛津久光来到京都，通过中山忠能、正亲町三条实爱上书朝廷，陈述自己的建议。中山忠能、正亲町三条实爱进官上奏。朝廷意识到事态严重，给岛津久光下达旨意，要求岛津久光留在京都协助酒井忠义维护治安。与此同时，朝廷命令酒井忠义传旨让久世广文上京。岛津久光接到圣旨后，担心萨摩藩也会有人响应浪人们的行动，开始加强

久坂玄瑞

平野次郎、伊牟田尚平等志士认为黑田长溥的这一举措会给自己的活动带来障碍。于是，平野次郎、伊牟田尚平扮作岛津久光的使者，将黑田长溥迎接到播州大藏谷，劝黑田长溥返回福冈藩。黑田长溥听信了平野次郎和伊牟田尚平的话，回到了福冈藩。

长州藩的堀真五郎来到京都，与常驻京都伏见的长州藩的久坂玄瑞等商议袭击酒井忠义的府邸。土佐藩的吉村虎太郎等打算响应长州藩志士们的这一计划。浪人们住在大阪、京都的萨摩藩藩邸和长州藩藩邸及大阪中之岛的客栈等。这时，岛津久光已经到了大阪的萨摩藩藩邸。岛津久光下令严禁萨摩藩藩士和浪人们接触，没有命令萨摩藩藩士不得擅自外出活动。

平野次郎意识到岛津久光行为处事因循守旧，只好先到京都，托住在伏见的熟人吉田重义将自己的想法总结为时务三策，上奏朝廷，指出："事到如今，一些公卿依然打算通过公武合体来实现锁国攘夷的目的。这一做法不合时宜，当务之急是恢复朝廷的大权。"

真木保臣、小河一敏等志士经过商议决定：

> 岛津久光因循守旧，指望不上。而今，久迩宫朝彦亲王被幽禁在相国寺。我们可以把久迩宫朝彦亲王解救出来推举为盟主。进而，我们请求久迩宫朝彦亲王进宫见天皇，商议大事。

岛津久光听说此事后，认为浪人们的计划过于大胆激进，离开大阪来到京都伏见的萨摩藩藩邸。这时，小河一敏等住在大阪萨摩藩藩邸的志士们也来到伏见，打算潜入萨摩藩藩邸。岛津久光传令："伏见的萨摩藩藩邸狭小，不准入内，一律返回大阪的萨摩藩藩邸。"志士们感到很意外，打算强行进入伏见的萨摩藩藩邸，海江田信义却不同意。

田中河内介在岛津久光抵达伏见之前就回到了京都，和中山忠爱谋划举事。中山忠爱派人将亲笔信送给田中河内介，结果信中途丢失，落到了德川幕府官吏手中，中山忠爱等的计划泄露。京都町奉行派人严密监视中山忠爱的府邸，搜寻田中河内介的下落。酒井忠义也让传奏广桥氏禀奏朝廷注意浪人们的动向。这样一来，朝廷和德川幕府联手共同提防浪人们发动暴乱。浪人们即便想发动暴动也无法付诸实施。本来，浪人们把岛津久光奉为盟主。然而，岛津久光因循守旧、谨小慎微，浪人们反受其害。

文久二年（1862年）四月十六日，岛津久光来到京都，通过中山忠能、正亲町三条实爱上书朝廷，陈述自己的建议。中山忠能、正亲町三条实爱进官上奏。朝廷意识到事态严重，给岛津久光下达旨意，要求岛津久光留在京都协助酒井忠义维护治安。与此同时，朝廷命令酒井忠义传旨让久世广文上京。岛津久光接到圣旨后，担心萨摩藩也会有人响应浪人们的行动，开始加强

久坂玄瑞

平野次郎、伊牟田尚平等志士认为黑田长溥的这一举措会给自己的活动带来障碍。于是，平野次郎、伊牟田尚平扮作岛津久光的使者，将黑田长溥迎接到播州大藏谷，劝黑田长溥返回福冈藩。黑田长溥听信了平野次郎和伊牟田尚平的话，回到了福冈藩。

长州藩的堀真五郎来到京都，与常驻京都伏见的长州藩的久坂玄瑞等商议袭击酒井忠义的府邸。土佐藩的吉村虎太郎等打算响应长州藩志士们的这一计划。浪人们住在大阪、京都的萨摩藩藩邸和长州藩藩邸及大阪中之岛的客栈等。这时，岛津久光已经到了大阪的萨摩藩藩邸。岛津久光下令严禁萨摩藩藩士和浪人们接触，没有命令萨摩藩藩士不得擅自外出活动。

平野次郎意识到岛津久光行为处事因循守旧，只好先到京都，托住在伏见的熟人吉田重义将自己的想法总结为时务三策，上奏朝廷，指出："事到如今，一些公卿依然打算通过公武合体来实现锁国攘夷的目的。这一做法不合时宜，当务之急是恢复朝廷的大权。"

真木保臣、小河一敏等志士经过商议决定：

> 岛津久光因循守旧，指望不上。而今，久迩宫朝彦亲王被幽禁在相国寺。我们可以把久迩宫朝彦亲王解救出来推举为盟主。进而，我们请求久迩宫朝彦亲王进宫见天皇，商议大事。

岛津久光听说此事后，认为浪人们的计划过于大胆激进，离开大阪来到京都伏见的萨摩藩藩邸。这时，小河一敏等住在大阪萨摩藩藩邸的志士们也来到伏见，打算潜入萨摩藩藩邸。岛津久光传令："伏见的萨摩藩藩邸狭小，不准入内，一律返回大阪的萨摩藩藩邸。"志士们感到很意外，打算强行进入伏见的萨摩藩藩邸，海江田信义却不同意。

田中河内介在岛津久光抵达伏见之前就回到了京都，和中山忠爱谋划举事。中山忠爱派人将亲笔信送给田中河内介，结果信中途丢失，落到了德川幕府官吏手中，中山忠爱等的计划泄露。京都町奉行派人严密监视中山忠爱的府邸，搜寻田中河内介的下落。酒井忠义也让传奏广桥氏禀奏朝廷注意浪人们的动向。这样一来，朝廷和德川幕府联手共同提防浪人们发动暴乱。浪人们即便想发动暴动也无法付诸实施。本来，浪人们把岛津久光奉为盟主。然而，岛津久光因循守旧、谨小慎微，浪人们反受其害。

文久二年（1862年）四月十六日，岛津久光来到京都，通过中山忠能、正亲町三条实爱上书朝廷，陈述自己的建议。中山忠能、正亲町三条实爱进官上奏。朝廷意识到事态严重，给岛津久光下达旨意，要求岛津久光留在京都协助酒井忠义维护治安。与此同时，朝廷命令酒井忠义传旨让久世广文上京。岛津久光接到圣旨后，担心萨摩藩也会有人响应浪人们的行动，开始加强

管理。文久二年（1862年）四月十七日，岛津久光派人送信给桥口吉之丞和柴山景纲，信中说：

> 我奉朝廷之命留在京都，老中久世广文不久也要上京商议大事，事情有望顺利进行。因此，要让藩士们观望，切勿轻举妄动。

岛津久光担心桥口吉之丞等不听自己的命令，又于文久二年四月十九日让大久保利通到大阪安抚浪人们，劝浪人们守卫皇宫。浪人们认为岛津久光因循守旧，不能共事，于是表面上答应了大久保利通的要求，暗地里商议举事。

文久二年四月二十三日，大阪萨摩藩藩邸的有马新七、西乡从道、柴山景纲、桥口吉之丞、田中谦助等来到中之岛，和住在鱼太的桥口壮助、柴山爱次郎、坂本彦右卫门、伊集院兼宽等会合，一起乘船于当天日暮时分抵达京都

有马新七

伏见。有马新七一行来到寺田屋谋划举事事宜。伊集院兼宽草拟了举兵的计划，众人都在上面签了名，喝完酒后，整装待发。岛津久光在京都的萨摩藩藩邸听说了浪人们的这一计划，派铃木勇右卫门等八人来到伏见的寺田屋，劝说浪人们中止计划。有马新七不听劝阻，双方发生冲突。由于事情突然，浪人们猝不及防，死伤很多。这时，岛津久光的家臣奈良原繁空手上楼，安慰浪人们之后，把他们带回京都。

这样一来，浪人们的计划以失败告终。计划泄露起因于有马新七的一个手下，叫永田佐一郎。永田佐一郎劝阻有马新七不要参与此事，有马新七不听。永田佐一郎一气之下，自杀身亡。高崎佐太郎感觉永田佐一郎死得蹊跷，就汇报给了岛津久光。参与这一计划的萨摩藩的人、京都人田中河内介的弟弟等被押送到萨摩藩，却都在途中的船上遇害。还有一些浪人被命令回到自己的藩国。真木保臣、小河一敏等留在了京都萨摩藩藩邸。这就是寺田屋事件。

伊地知贞馨将寺田屋事件的大致情况汇报给京都长州藩藩邸的官员，请求长州藩也处罚参与寺田屋事件的长州藩的浪人。当时，留守京都长州藩藩邸的穴户九郎兵卫意识到："既然事情已经败露，不如隐瞒事实。"于是，穴户九郎兵卫答复说："长州藩的浪人与寺田屋事件无关。"这是萨摩藩和长州藩发生矛盾的一个主要原因。

第3章
德川幕府的政策措施与改革

第1节 安藤信正

大老井伊直弼被暗杀后,安藤信正开始主政。此时德川幕府正值多事之秋。安藤信正颇有才干,做事认真,非常勤奋。万延元年(1860年)五月,普鲁士使节奥伦伯格乘军舰来到品川,要求与日本通商。当时日本国内攘夷论甚嚣尘上,德川幕府为了暂避舆论锋芒,不愿意再签订新的条约。安藤信正亲自接待了奥伦伯格,婉言谢绝。然而,奥伦伯格不肯罢休。后来,在美国公使汤森·哈里斯的调停下,德川幕府派堀利熙、村垣范正与奥伦伯格签订了《日普修好通商条约》,向普鲁士开放长崎、神奈川、函馆三个港口。

当时发生了美国公使馆翻译休康遇袭、俄国军舰在对马岛登陆这两件事情。德川幕府为此烦恼不已。在德川幕府与奥伦伯格谈判时,休康担任翻译。万延元年十二月五日傍晚,休康在回家路上遇袭。当时,浪人横行,经常袭击外国人。各国公使闻报,卷起国旗将公使馆迁到横滨,要求自己国家派兵守卫公使馆。所幸,汤森·哈里斯没有深究此事,德川幕府给了休康的老母亲一万美元的抚恤金,这件事情才算了结。文久元年(1861年)二月,俄国舰长比利耶夫将军舰停泊在对马岛。比利耶夫称要修理军舰,让俄国乘组人员上岸,做好了长期居住的准备。德川幕府闻报后派外国奉行①小栗忠顺和比利耶夫交

---

① 外国奉行,是日本德川幕府时代晚期设置的幕府官职,负责外交事务。

小栗忠顺

涉。结果，交涉失败，小栗忠顺等回到江户。于是，安藤信正在请求汤森·哈里斯进行调停的同时，向俄国外交大臣发出照会，要求其命令俄国军舰撤出对马岛。与此同时，德川幕府命令函馆奉行村垣氏和俄国驻函馆外交官格西科韦齐进行交涉。文久元年（1861年）七月二十五日，比利耶夫终于离开了对马。

井伊直弼签订条约时承诺向外国开放神奈川、长崎、江户、函馆、大阪、兵库、新潟这七个港口。而今，日本只开放了神奈川、长崎和函馆，承诺在1863年1月1日之前开放其余的四个港口。期限已经临近，而日本国内攘夷论势头强劲。德川幕府还没有做好开放港口的准备，并且担心如果仓促开放港口，日本国内会出现较大的动荡。因此，安藤信正和汤森·哈里斯及英国公使阿礼国爵士商议延期开放港口一事。阿礼国爵士表示赞成。文久元年十二月二十二日，德川幕府派使者搭乘英国军舰前往欧美各国交涉延期开放港口和降低关税的事宜。

此外，安藤信正还与俄国就萨哈林岛^①的边界问题进行交涉，采取措施开拓小笠原群岛。最令安藤信正头疼的是内政问题，其中最重要的一件事情是孝明天皇的妹妹和宫亲子内亲王和征夷大将军德川家茂结婚。一直以来，朝廷和德川幕府的关系不够密切，经常产生误会。朝廷中的近卫忠熙、三条实万等对这一状况忧心忡忡，和京都所司代酒井忠义商议如何搞好德川幕府和朝廷的关系。酒井忠义主张公武合体，提议如果和宫亲子内亲王嫁给德川家茂，就能消除朝廷和德川幕府之间的误会，这对稳定政局意义重大。井伊直弼对此事也表示赞成。然而，和宫亲子内亲王已经和有栖川宫炽仁亲王订了婚约，让和宫亲

有栖川宫炽仁亲王

---

① 即库页岛。

子内亲王下嫁给德川家茂非常困难。酒井忠义始终坚持和宫亲子内亲王下嫁德川家茂，并且和关白九条尚忠商议此事。九条尚忠表示赞成。不过，和宫亲子内亲王年纪还小，九条尚忠没有上奏孝明天皇。大老井伊直弼被暗杀后，为了推动公武合体政策的实施，幕府老中们联名请求朝廷解除和宫亲子内亲王与有栖川宫炽仁亲王的婚约，让她下嫁德川家茂。内亲王下嫁征夷大将军是有先例的，灵元天皇[①]的皇女八十宫下嫁第七代征夷大将军德川家继。朝廷回绝了德川幕府的请求。德川幕府开始做有栖川宫炽仁亲王的工作。同时，九条尚忠做议奏岩仓具视的工作，上奏孝明天皇。孝明天皇终于同意了这门亲事。然而，和宫亲

岩仓具视

---

① 灵元天皇，日本第112代天皇，在位时间为1663年到1687年。

子内亲王说："江户是蛮夷居住之地，令人恐怖。"不愿下嫁。九条尚忠拿着敕令劝说和宫亲子内亲王，和宫亲子内亲王最终同意下嫁德川家茂。这个消息不胫而走，大臣们纷纷谏阻。孝明天皇也很担忧，让九条尚忠安抚群臣。文久元年（1861年）八月，和宫亲子内亲王解除了与有栖川宫炽仁亲王的婚约。文久二年（1862年）二月十一日，和宫亲子内亲王与德川家茂举行了婚礼。

尽管和宫亲子内亲王下嫁德川家茂，德川幕府和朝廷之间的关系并未变得融洽，而是越来越紧张。这是因为反对公武合体的公卿把促成这桩婚姻的公卿看作佐幕派。尊王攘夷派的志士们认为德川幕府威逼和宫亲子内亲王就范，对德川幕府的施政方针表示反对。结果，九条尚忠、岩仓具视等公卿被罢免，志士们痛恨安藤信正。朝廷同意和宫亲子内亲王下嫁德川家茂的附加条件是："既然实现了公武合体，就应驱逐外夷。"德川幕府迫切需要通过与朝廷联姻来缓和朝廷与幕府的紧张关系，尽管反对攘夷，也勉强答应了朝廷的这个附加条件。实际上，德川幕府是在作茧自缚。安藤信正的想法是：

> 幕府答应朝廷攘夷虽然属于自欺欺人的行为，但如果实现了公武合体，反对派的藩士、浪人也会偃旗息鼓，不再与幕府作对。今后，找机会和朝廷说明外交上的实际情况，劝说朝廷不再攘夷，就会一切顺利的。

其实，安藤信正的这一措施完全是败笔，给他自己招来了灾祸。

第2节 关东的形势与坂下门外之变

在安政大狱之后，水户藩将朝廷的敕令交给德川幕府，由德川幕府交还朝廷。因此，水户藩藩士对德川幕府恨之入骨。大老井伊直弼被水户藩的浪人暗杀，德川幕府却得过且过，想息事宁人，命令井伊直弼的家臣对外宣布井伊直弼患病，不得透露井伊直弼的死讯。德川幕府这样做，旨在避免刺激尊王攘夷派。然而，适得其反，幕府助长了尊王攘夷派的气焰。万延元年（1860年）七月二十六日，阿礼国爵士等五人登上富士山。有的浪人认为阿礼国爵士玷污了灵山富士山，对此愤恨不已。受雇于外国公使的日本人或中国人遭到浪人们的戏弄甚至伤害。浪人们成群结队袭击横滨的外国租界。井伊直弼为了向外国人开放门户，不惜兴起安政大狱，非常有魄力。然而，井伊直弼因此丧命。安藤信正无论能力和魄力都不及井伊直弼，对浪人们姑息养奸。这导致德川幕府权威扫地，政权向朝廷转移。安藤信正在处理外交问题的同时，促成了和宫亲子内亲王和德川家茂的婚事。由此可见，安藤信正的能力还是很强的。井伊直弼死后不足半年，德川齐昭也去世了。水户藩实力雄厚，是因为有德川齐昭、藤田东湖和户田银次郎。在安政年间的大地震中，藤田东湖和户田银次郎丧生。水户藩从此走向衰落。不过，德川齐昭德高望重，他在世时，尾张藩、福井藩、萨摩藩等强藩在有所动作之前都会通知水户藩。德川齐昭去世后，水户藩没有了主心骨，内部两派的内讧愈演愈烈。这时，长州藩、萨摩藩的实力越来越强。

长冈驿暴徒的残余势力死灰复燃，大津彦五郎、富永谦藏等率领二百多人占领常陆的文武馆，以攘夷急先锋自居，扬言要袭击横滨的外国人。长冈驿暴徒的残余势力以筹集袭击外国人的军费为由，大肆劫掠钱粮。无赖之徒纷纷入伙，非常猖獗。德川幕府命令水户藩镇压，但不见成效。德川幕府纲纪松弛，水户藩也名声扫地。竹林虎之助等三十九人称："德川齐昭去世后，天下失去了攘夷的中心，今后只能推举萨摩藩藩主做盟主。"之后，这一伙人来到江户的萨摩藩藩邸，要求在萨摩藩藩主的指挥下做攘夷的先锋。萨摩藩藩邸羁押了这伙人，于文久二年（1862年）冬天将他们押解到水户藩。

德川幕府得过且过，大名及其藩士对此非常满意，也得过且过地混日子。而各藩国处于社会底层的浪人越来越嚣张。这时，美国公使馆翻译休康被暗杀了。从万延元年年末到文久元年（1861年）的春天，江户发生了一系列外交事件。其中最严重的事件就是东禅寺事件。当时，水户藩的亡命之徒有贺半弥等十八人对阿礼国爵士沿着东海道走陆路十分愤慨，计划袭击阿礼国爵士下榻的东禅寺。文久元年（1861年）正月二十三日，有贺半弥等前往神奈川。文久元年正月二十八日，有贺半弥等潜入东禅寺，打算晚上动手。原本德川幕府派了一百五十人专门保护阿礼国爵士，但阿礼国爵士不让幕府士卒靠近自己及职员的房间，幕府士卒只好在远处扎营守卫。因此，就算有人偷袭阿礼国爵士，幕府士卒也很难察觉。到了当天晚上，由于具体情况不明，有贺半弥等闯进了阿礼国爵士旁边的房间，重伤了新来的秘书劳伦斯·奥利福特和另一个随员乔治·莫里森。阿礼国爵士的卫士及其他职员死伤十八人。有贺半弥一伙人中，一人受伤被活捉，三人战死，三人自杀，有贺半弥等其他人逃脱。这一伙人签名的盟誓书落到了德川幕府手中，大意是："我等要为神国日本除掉污秽的夷人，实现我主德川齐昭的夙愿，以报国恩，让天皇、将军高枕无忧。"这次事件之后，英法公使迁到神奈川，有事时才到江户的东禅寺暂住，只有美国公使依然留在江户的善福寺。德川幕府向劳伦斯·奥利福特和乔治·莫里森分别支付了一万美元的慰问金，这场风波才告结束。

之后，安藤信正更加重视外交工作，坊间攘夷论甚嚣尘上。而安藤信正和外国人的关系越走越近。志士们纷纷宣扬安藤信正让国学家调查是否有废黜天皇的先例，德川家茂娶和宫亲子内亲王意在夺取皇位。此外，要求更迭幕府重臣的呼声越来越高，真木保臣、小河一敏、平野次郎等谋划推举岛津久光为盟主，与德川幕府抗衡。与此同时，关东的志士们策划谋杀安藤信正。当时，对马事件、小笠原群岛事件等外交上的事件频仍，稍有差池就会造成不堪设想的后果。德川幕府为此烦恼不已。而尊王攘夷派认为幕府高层一味地讨外夷的欢心，损害了日本的国家利益。因此，尊王攘夷派将幕府高层称作奸臣，对幕府高层深恶痛绝。这对于幕府高层来说是不公允的。

文久元年，长州藩的木户孝允在江户的长州藩藩邸和各藩国的志士交往，为国事奔走。文久元年六月，长州藩的军舰"丙辰丸"号从荻出发，来到江户湾。舰长松岛刚藏拜访了木户孝允。木户孝允劝松岛刚藏："如今要做大事，必须和水户藩志士联手。"并且将自己在肥前的好友草场又三介绍给松岛刚藏。草场又三将水户藩的西丸带刀、岩间金平等介绍给松岛刚藏。松岛刚藏和水户藩志士共同商议改造幕府内阁,西丸带刀提议暗杀幕府高层人物。文久元年(1861年)六月十九日,木户孝允、松岛刚藏、西丸带刀等在"丙辰丸"号上盟誓,约定由水户藩志士采取暗杀行动,由木户孝允、松岛刚藏等采取善后措施。木户孝允、西丸带刀又联系长州藩的永井氏、周布氏和水户藩的美浓部又五郎等重臣,共同参与此事。津和野藩及越后藩的部分志士也参与了此事。由于长州藩的永井和周布互相倾轧,长州藩和水户藩并未采取一致行动。之后,西丸带刀和岩间金平按照与木户孝允、松岛刚藏订立的盟约制订了暗杀安藤信正的计划,并通知木户孝允。大久保利通曾经参与刺杀井伊直弼的行动并获得了成功,此次大久保利通在木户孝允的支持下也参与了刺杀安藤信正的计划。当长州藩和水户藩的志士在关东策划刺杀安藤信正时,西乡隆盛在京都策划袭击九条尚忠和酒井忠义。西乡隆盛、大久保利通、木户孝允被称为"明治维新三杰",三人在这一时期都积极参与激进的行动。这预示着德川幕府正一步步走向灭亡。

　　文久二年(1862年)正月十五日早晨,安藤信正乘轿前往幕府议事。当安藤信正来到坂下门外时,遭到数名浪人的袭击。安藤信正的护卫与浪人们拼命厮杀。安藤信正腰部受伤,逃到城门,才捡了一条命。平山兵助等六名浪人在厮杀中毙命,安藤信正的护卫中有九人负了轻重不等的伤。内田万之助本来答应了参加刺杀行动,却晚来了一步,自惭形秽,在长州藩藩邸自杀。宇都宫藩的儒臣大桥顺藏参与谋划刺杀安藤信正,被逮捕入狱。

　　安藤信正是一个有才干的政治家,为国事操劳,鞠躬尽瘁。安藤信正在处理令人头疼的外交事务的同时,还促成了和宫亲子内亲王下嫁德川家茂一事,推动了公武合体。这也是安藤信正被志士们袭击的原因之一。万延元年(1860年)十一月五日,外国奉行堀利熙自杀。这是让志士们对安藤信正痛下杀手的直接原因。世人对堀利熙的死因众说纷纭。大体而言,堀利熙精神压力过大,得了神经病后自杀。堀利熙的儿子死得也很蹊跷,很可能堀利家族有遗传性神经病。然而,有好事者捏造堀利熙的遗书,大骂安藤信正。当时,很多人都相信堀利熙有遗书一事,对安藤信正切齿扼腕,最终发生了坂下门外之变。

在发生樱田门外之变和坂下门外之变后，幕府高层胆战心惊。因此，幕府高层不敢在外交上采取积极的门户开放政策，也不能贸然遵照朝廷的旨意采取锁国攘夷的措施。于是，幕府高层因循守旧，徘徊不前。文久二年（1862年）三月十五日，本多忠民、水野忠精、板仓胜静被任命为老中。安藤信正抱病处理政务，尊王攘夷派越发痛恨安藤信正。长州藩游说德川幕府和朝廷，说安藤信正主持政务对德川幕府不利，于是德川幕府罢免了安藤信正的职务。朝野上下，尊王攘夷派开始占优势。浪人们游说岛津久光到京都联合朝廷公卿逼迫德川幕府改革幕政。

第3节　敕使大原重德出使关东及岛津久光四下活动

嘉永六年（1853年）以来，朝廷和德川幕府之间关系紧张，大名和浪人趁机周旋于朝廷和德川幕府之间，为自己谋利。其中有些人痛恨德川幕府，想打倒德川幕府。有些人支持德川幕府，不惜为德川幕府抛弃身家性命。支持德川幕府的有两类人。其一，希望德川幕府上对朝廷施压，下以高压手段制服各藩国的浪人，不让任何人对幕政指手画脚，以期恢复德川幕府往日的权威。大老井伊直弼就采取了这种方式。结果，井伊直弼导致上下怨恨，最终身遭横祸。德川幕府的这一弊端持续了一段时期。其二，主张德川幕府抛弃强权，听从朝廷的命令，以此博得朝廷和各藩藩主及志士的同情和支持，让幕府存在下去。松平春岳就采取了这种方式。结果，松平春岳导致朝廷上下轻视德川幕府。松平春岳身居政务总裁这一要职，却不知所措，最终递交辞呈，抛弃了自己的地位和责任，一走了之。这也给德川幕府造成了负面影响。总而言之，德川幕府气数已尽，回天乏术。井伊直弼和松平春岳也是在形势所迫之下分别采取了措施，不能完全归罪于他们。

井伊直弼曾经命德川庆喜和松平春岳蛰居，以示惩戒。之后，井伊直弼遇害，安藤信正遭到浪人们的袭击，形势瞬息万变。内忧外患频仍，德川幕府忙得焦头烂额。和宫亲子内亲王下嫁德川家茂也没有给德川幕府带来好处，德

毛利敬亲

川幕府越来越不得民心，处于危亡的边缘。而长州藩并未虚度光阴，对内主张公武合体，对外制定航海贸易方针。长州藩的长井雅乐奔走于京都和江户之间。文久元年（1861年）十一月，毛利敬亲上书德川幕府，建议公武合体，希望德川幕府发展航海业和贸易。毛利敬亲让长井雅乐将建议书递交给老中久世广文，德川幕府采纳了毛利敬亲的建议，并命令毛利敬亲参政议政。萨摩藩藩主岛津齐彬去世后，岛津忠义继任藩主。因岛津忠义年幼，岛津久光暂理藩政。德川幕府对岛津久光存有戒心，岛津久光只能在萨摩藩静观形势。在笃子的努力下，德川幕府出资在江户修建了新的萨摩藩藩邸。岛津久光代替岛津忠义到江户执勤。文久二年（1862年）四月，岛津久光拜访近卫忠熙，与朝廷公卿们交往。不仅如此，岛津久光得到敕令在伏见寺田屋将打算举事的浪人们一网打尽。之后,岛津久光到江户执勤去了。这时,长州藩非常活跃,长州藩的浪人云集京都,准备举事。

朝廷命久世广文上京。此前,堀田正睦、间部诠胜上京时与朝廷的关系搞得很不融洽。久世广文对此记忆犹新,找借口不去京都。朝廷见久世广文不愿上京,就派秉性刚直的大原重德为正使、岛津久光为副使出使江户,向德川幕府传达朝廷的旨意。朝廷的旨意中有长州藩的建议、朝臣们的建议和萨摩藩的建议,其核心思想是"打破幕府的常规,削减幕府的权力"。岩仓具视等朝廷中的公卿和长州藩、萨摩藩已经做好了充分的思想准备:

大原重德

如果德川幕府不采纳朝廷的建议而以势压人,就让长州藩和萨摩藩联手与德川幕府对抗。如果长州藩和萨摩藩的力量还不够,就让伊达氏、浅野氏、岛津氏、前田氏、毛利氏这五个大藩主一起来对抗德川幕府。

幕府高层意识到:

朝廷非常倚重德川庆喜、松平春岳。在和宫亲子内亲王下嫁德川家茂将军时,朝廷下令大赦了安政大狱时被幕府关押的人员。

因此,在大原重德到达江户之前,德川幕府就大赦了德川庆胜、德川庆喜和松平春岳。之后,松平春岳拜谒德川家茂,德川家茂让松平春岳参政。久世广文让松平春岳代替自己上京。大原重德来到江户后,见到了德川家茂,传达了朝廷的圣旨。岛津久光与老中胁坂氏会谈,谈了自己的想法。

松平春岳患病,中山中左卫门前去探病。中山中左卫门在松平春岳家里见到了中根雪江,谈起了时政,内容如下:

萨摩藩打算联络其他大藩,通过朝廷敕令的方式逼迫幕府进行改革。我们应该尽力敦促萨摩藩早日采取这一措施。在朝廷派敕使大原重德到江户之前,幕府已经决定起用松平春岳。估计幕府不久也会重用德川庆喜。一直以来,松平春岳就主张德川家茂将军上京。幕府内阁的其他成员也认为要制定政权方针,德川家茂将军上京是必要的。然而,由于这样或那样的原因,松平春岳辞职了,现在正在养病。久世广文迟迟不去京都。老中板仓氏、胁坂氏等拒绝德川庆喜做德川家茂将军的监护人。大原重德和岛津久光为此事四下游说。

朝廷和岛津久光提议让五大藩的藩主[①]做五大老，被德川幕府拒绝了。朝廷和岛津久光继而提议德川家茂上京拜见孝明天皇，并起用德川庆喜和松平春岳，德川幕府同意了。这说明德川幕府的实力已经衰落，不能再独断专行了。德川家茂上京的话，必然要讨论锁国攘夷之事。这样，德川幕府的反对派尊王攘夷派的气焰更加嚣张。德川幕府因循守旧，得过且过，在处理政务时优柔寡断，在每件事情上都让朝廷走在前面。而今，德川幕府已经起用了松平春岳，不可能不起用德川庆喜。同时朝廷在敕令中已经明确要求德川幕府重用德川庆喜。不过，还有一两个不明事理的老中不同意起用德川庆喜。大原重德在出发前已经将后事安排妥当，抱定了必死的决心。大原重德让萨摩藩武士埋伏在谈判的房间的隔壁，如果德川幕府不答应起用德川庆喜，就采取非常手段。最终，德川幕府决定按照朝廷敕令，让德川庆喜和松平春岳一起主持幕政。德川幕府承诺德川庆喜和松平春岳有权按照朝廷敕令进行幕政改革。然而，德川幕府行将灭亡，这个措施无法延长幕府的寿命。这是天意，是人力无法左右的。

第4节　德川庆喜和松平春岳进行幕政改革

德川庆喜和松平春岳主持幕政时，日本国内和国外形势都不容乐观。文久二年（1862年）七月六日，德川庆喜在主持幕政的同时继任一桥家族的家主地位，受赐俸禄十万石。不仅如此，德川庆喜还做了德川家茂的监护人，大权在握。文久二年七月九日，松平春岳任政务总裁。德川庆喜就任将军监护人[②]之后，厉行节约，如规定公文用纸一律使用粗纸，禁止使用昂贵的上等纸张。此外，德川庆喜和松平春岳还革除了幕府的各种积习弊端。与此同时，德川庆喜和松平春岳意识到门户开放是不可逆转的世界大势，但实施门户开放政策需要征得朝廷的同意。德川庆喜的这一想法比较稳妥，但当时的日本国内形势不允许门户开放。德川庆喜和松平春岳在这方面遭受了挫折。

---

① 即毛利氏、伊达氏、岛津氏、前田氏、浅野氏。
② 日文称"将军后见职"。

文久二年（1862年）七月二十三日，大原重德和岛津久光将德川庆喜和松平春岳请到下榻之处，双方谈了下述几件事。

第一，大原重德说："前任京都所司代酒井忠义现在仍然留在京都，请让酒井忠义尽早离开京都。"德川庆喜和松平春岳答应了这一要求。

第二，大原重德说："新任京都所司代松平宗秀在京都没有人缘，希望撤换松平宗秀。"德川庆喜和松平春岳回复道："这件事情容我们仔细考虑一下。"

松平宗秀

第三，大原重德说："大阪城代①大河内信古是间部诠胜的儿子，不得人心，应该罢免。"

第四，大原重德说："我提议幕府为和宫亲子内亲王修建新的宫殿。"德川庆喜拒绝了这一要求，只是承诺："和宫亲子内亲王的宫中缺什么我们就给配什么。"

第五，大原重德说："敏宫殿下的用度不足，希望幕府增加额度。"

第六，对皇子皇女的处置问题。

第七，山陵的修复与祭拜问题。

第八，和宫亲子内亲王上京一事。

第九，抚恤京都市内受灾者。

第十，实行大赦。这一条幕府已经实施了。

对大原重德提出的这些要求，德川庆喜和松平春岳答复说："我们在调查之后给予答复。"

之后，大原重德、岛津久光、德川庆喜、松平春岳开始闲谈。德川庆喜和松平春岳向大原重德和岛津久光保证："今后，我们会一步步革除旧弊，加强武备，扩充海军力量。"大原重德属于顽固派，坚决主张尊王攘夷。大原重德性情直爽，敢作敢当，缺乏谋略，一心想的是不辱使命。后来，朝廷追认了幕府与外国签订的条约，同意将兵库港对外开放，确定了门户开放的国策。大原重德对此表示不满。在闲谈中，德川庆喜和松平春岳说道："今后，纵然有朝廷圣旨，如果违背道理和天下大势，也恕难从命。我们遵奉的是道理和正义。就这一点，我们希望敕使不吝赐教。"

此时，长州藩也提出建议："京都所司代松平宗秀人缘很差，应该更迭。"于是，德川幕府命会津藩藩主松平容保任京都所司代。松平容保推辞说："我的藩国贫弱，距离京都很远，有事情的话很难回去。我认为酒井忠义堪当此任。"德川幕府认为："在多事之秋，京都所司代的最佳人选就是会津

---

① 大阪城代，德川幕府的官职之一，是德川幕府在大阪城的代表，负责大阪城的城防，并统辖在大阪城值班的幕府役人。

松平容保

藩藩主松平容保,其他忠于幕府的人能力不够,有能力的人对幕府的忠诚度又不够。"然而,岛津久光不同意任命松平容保为京都所司代,主张由五大藩主之一担任京都所司代一职。最后,松平春岳经过游说,还是任命松平容保做了京都所司代。二百多年来,会津藩一直受到德川幕府的厚遇,松平容保发誓自己死后要葬在京都,以此来报答幕府的厚恩。大原重德看到幕府基本上遵照敕令办事,决定回京复命。岛津久光向大原重德请假去拜访德川庆喜,当时松平春岳也在场。岛津久光向德川庆喜和松平春岳提出忠告:"我希望两位大人谨遵朝廷敕令,采取切实措施渡过难关。"

这一时期，对于德川幕府来说最紧迫的问题是德川家茂上京。大原重德在传达朝廷敕令时重点强调了这一点。岛津久光则认为让幕府起用德川庆喜和松平春岳是首要问题，而让德川家茂上京是次要问题，为时尚早。毛利氏则认为德川家茂上京是最主要的问题，朝廷公卿也赞成毛利氏的意见。幕府认为当务之急并非讨论德川家茂上京的利弊和必要性，而是解决幕府的财政困难问题。德川家茂上京花费颇大，幕府拿不出这笔钱。老中们强烈反对德川家茂上京，理由是：

> 德川家茂将军年纪尚小，还不能独立处理政务。朝廷已经任命了将军监护人和政务总裁，他们是众望所归，有资格代替将军上京，听从天皇陛下的指示，应急处理国家大事。将军年幼，上京无益，并且需要花费一大笔钱。如果幕府有这笔钱，应该优先用于扩充海军力量。

老中们这样想也是理所当然的。然而，松平春岳不赞成这个观点。松平春岳主张：

> 让将军上京堪称壮举，可以让世人耳目一新，也能表达幕府和将军尊奉朝廷的诚意。这样，幕府才能获得天皇的信任，也可以堵住各藩国大名和藩士、浪人的嘴。反之，如果不让将军上京，我就不得不上京。

此前，堀田正睦和间部诠胜上京给德川幕府带来了负面影响，松平春岳不愿重蹈二人的覆辙。久世广文迟迟不上京也是因为这个原因。然而，如果德川家茂、德川庆喜、松平春岳都不上京，就表明德川幕府没有遵奉朝廷敕令的诚意。总而言之，德川家茂上京与孝明天皇见面，讨论内政外交，让公武合体的口号名副其实。也有人强烈反对松平春岳的建议，理由是：

对于幕府来说，让将军上京是很没有面子的事情，会让幕府权威扫地。幕府最好让德川庆喜和松平春岳代替将军上京。

岛津久光也反对德川家茂上京，认为此举没有必要。对此，松平春岳坚持自己的主张，毫不让步。德川家茂的监护人德川庆喜也同意松平春岳的意见。长州藩虽然不同意公武合体，但赞成德川家茂上京。其他幕府重臣虽然并不赞成德川家茂上京，但如果违背德川庆喜和松平春岳的意愿，对幕府班子的团结不利，于是也同意德川家茂上京。最终，德川幕府采纳了松平春岳的建议，决定让德川家茂上京。德川幕府的这一决定让公卿们大吃一惊。公卿们由此也看出德川幕府的势力衰落了，尊王攘夷的势力越来越大。然而，德川家茂上京后一无所获。松平春岳极力主张德川家茂上京，看到京都的实际情况之后，也大吃一惊。松平春岳发觉势头不对，悄悄地回到了自己的藩国。德川幕府采取的每项措施都没有取得理想的效果，非但没有讨得朝廷的欢心，反倒导致朝廷势力和反对幕府的势力进一步增强。

松平春岳任政务总裁之后，主张打破德川幕府二百多年来的条条框框，大刀阔斧改革幕政。德川幕府采纳了松平春岳的这一主张，命他着手草拟改革参勤交代等制度的方案。宇都宫藩藩主户田忠恕采纳家臣户田忠至的如下建议：

> 宇都宫藩应该向日本全国和朝廷表示尊王的诚意。然而，在地利上，宇都宫藩远不如西南藩国。宇都宫藩和京都之间隔着江户，在表达勤王的诚意上要采取和其他藩国不同的做法。与此同时，宇都宫藩不能对幕府表示敌意。

于是，户田忠恕建议幕府：

> 历代的皇家山陵已经破败不堪，应该进行修缮。

户田忠恕

　　自蒲生君平以来，宇都宫藩对皇家山陵破败一事一直表示担忧。对于德川幕府来说，修复皇家山陵是表达尊王诚意的最好方法之一。德川幕府认为这个建议非常合理，立刻采纳并付诸实施。德川幕府还把修缮皇家山陵作为幕政改革的第一个措施。文久二年（1862年）闰八月十四日，幕府将所有大名召集到黑书院，任命户田忠恕为修复皇家山陵的总负责人，让户田忠恕的家臣户田忠至任山陵奉行，赐予其年俸，负责修复皇家山陵的具体事宜。

接着，德川幕府改革了参勤交代制度。参勤交代的实质是德川幕府把大名的妻儿留在江户作为人质。当时，德川幕府创立以来已经过了二百多年。在此期间，德川幕府一直能维持纲纪，控制大名。德川幕府能够做到这一点有种种原因，其中最主要的原因就是采取了参勤交代制度。参勤交代制度对德川幕府的统治非常有利，但给大名们带来了很大的痛苦。例如，岛津氏的萨摩藩位于偏远之地，藩主从萨摩藩到江户所花的路费高达一万两黄金以上。因此，在阿部正弘主政时期，岛津齐彬、松平春岳、伊达宗城等大名要求阿部正弘改革参勤交代制度，延长参勤交代的时间间隔。阿部正弘主张："参勤交代制度是维持德川幕府统治的基础，不能轻易变更。"而今，德川庆喜和松平春岳要改革参勤交代制度，这是需要魄力的。按理说，德川幕府改革参勤交代制度对于大名们来说是莫大的恩惠，大名们应该对幕府感恩戴德才对。然而，事实并非如此。大名们已经觉察到幕府的权威正在衰落，公卿们和反对幕府的志士们越来越轻视幕府，认为幕府灭亡只是时间问题了。文久二年（1862年）八月十七日，老中水野忠精和板仓胜静联名向大名们下达有关军舰和枪炮的改革命令。一直以来，德川幕府规定："大名的军舰进入江户湾时，要在江户湾口的浦贺港接受检查。"而今，德川幕府修改了这一制度，规定："大名的军舰在进入江户湾时，只要向幕府提交申请即可。"此外，德川幕府详细规定了军舰、枪炮的制造方法等，其宗旨是杜绝繁文缛节，注重实用性。文久二年闰八月二十一日，幕府简化了高官到幕府执勤的章程。这一项改革节约了支付给老中和若年寄的费用，分别减少支出一千五百两白银和一千两白银。

文久二年闰八月二十二日，德川幕府就大名的参勤交代制度规定："一等大名每隔三年来江户任职执勤，每次在江户任职一百天；二等大名每隔三年来江户任职执勤，每次在江户任职一年；谱代大名、外藩大名等每隔三年来江户任职执勤，每次在江户任职一百天。"

根据以往的惯例，德川幕府每月举行典礼，幕府官员们和大名们需要穿礼服出席，非常烦琐。幕府改革了这一制度，服装以简便、实用为宗旨。一直以来，幕府规定："将军在出行时，沿路的居民要关窗闭户。"而今，幕府废

板仓胜静

除了这一制度。幕府进行上述改革,节省了大笔开支,导致佣工、奴仆等失业人数达四万人以上。这些人衣食没有着落,怨声载道。于是,对幕府改革怀有不满的人煽动暴乱,企图阻止改革。这些人最痛恨的就是松平春岳。

松平春岳等也意识到:"蝼蚁之穴溃千里之堤。大名等的奴仆们失业,衣食没有着落,会成为社会治安的隐患。"于是,文久二年(1862年)九月三日,德川幕府命令失业的佣工、奴仆等回乡务农。德川幕府采取这一措施,目的是保护贱民。之后,德川幕府加快了改革的步伐,罢黜了安政年间以来身居要职的大名们的官职。与此同时,德川幕府将井伊直弼的彦根藩及间部诠胜、久世广周的封地分别削减了产量十万石、一万石、一万石的土地。德川幕府命令堀田正睦等蛰居,褫夺了松平宗秀产量一万石的封地,给予纪伊信亲降职处分。文久二年（1862年）闰八月七日，德川庆喜、松平春岳和所有的老中联名上奏朝廷，禀明德川幕府改革的大致情况。当时，朝廷已经命令九条尚忠剃发隐居，久我氏等四位公卿也被罢黜。朝廷里已经没有人再支持德川幕府。议奏将德川庆喜等上奏的奏疏展开宣读之后，朝廷大臣们都认为："幕府因循姑息，并未改革积习弊端，不足以解决内忧外患。朝廷应当再次派遣敕使到江户敦促幕府攘夷。"

第4章

尊王攘夷论的鼎盛时期

第1节 长州藩的形势

"楚虽三户，亡秦必楚。"这句话一言中的，刘邦和项羽灭了秦朝。这句话同样适用于日本。德川家康在关原之战中获胜，掌握了日本的政权。在这场战役中，位于日本西南的萨摩藩和长州藩、位于日本东北的上杉氏和佐竹氏战败受辱，蛰伏了二百六十余年。上杉氏和佐竹氏坐镇东北，距离江户较近，必然会受到德川幕府的控制。萨摩藩和长州藩距离江户很远，一旦有变，德川幕府鞭长莫及。因此，德川幕府最担心的就是萨摩藩和长州藩。早在德川幕府鼎盛时期，水野氏和阿部氏就预言夺取德川氏天下的必然是萨摩藩和长州藩。其实，德川幕府在创立之初就很担心萨摩藩和长州藩。为了控制萨摩藩和长州藩，德川幕府在这两个藩的周围安插了细川氏、小笠原氏、浅野氏、池田氏等，加以防范。然而，尽管德川幕府对萨摩藩、长州藩加强了防范，但人算不如天算。在庆应四年（1868年）正月爆发的戊辰战役中，德川幕府战败。

德川氏为了控制和防范大名们，绞尽脑汁，多措并举。在分封领地时，外藩大名、谱代大名、亲藩大名的领地犬牙交错。在二百多年间，德川氏通过政治联姻等各种举措控制和拉拢大名。所有的大名都与德川氏联姻，各大族都有德川氏的血统。前田氏、伊达氏、黑田氏、细川氏、池田氏、浅野氏、蜂须贺氏、锅岛氏等都与德川氏进行政治联姻。然而，毛利氏的支脉很多，主脉断

毛利重就

绝之后,支脉继承主脉的家业。这已经成为毛利氏的惯例。此后,毛利氏不与德川氏进行政治联姻。有鉴于此,德川氏和毛利氏永远无法水乳交融。毛利氏在毛利重就时期实力强大。和萨摩藩的岛津重豪一样,毛利重就锐意改革,整顿财政,政绩卓然。毛利重就是长府家毛利匡广的儿子,以支脉的身份继承了毛利氏宗家的家业。当时正值德川家重、德川家治、德川家齐这三代征夷大将军时期,德川幕府奢侈腐化。毛利重就提拔重用坂时存,改革藩政,采取强藩措施。毛利重就对坂时存有知遇之恩,坂时存为了报恩,鞠躬尽瘁。坂时存常说的两个字是"惩慭"。宝历年间,毛利重就在征得德川幕府同意的前提下,重新评估了领地内土地的面积和肥沃程度,以有余补不足,最终核算出产量六七万石的余地。

此外,长州藩还奖励盐业,开垦盐田,用所得收入从事慈善事业,救济贫民。长州藩规定这笔钱专款专用,甚至不许用这笔钱发展军事。负责慈善事业的部门称作抚育局。抚育局还低息贷款给藩国内的民众。此外，抚育局还将山林租赁给民众。这些利息都归抚育局所有，抚育局每年的收入有一千二百两白银。抚育局有两万石产量的土地，还有专属仓库。到了明治维新时期，抚育局的积蓄颇丰。此时，长州藩处于危急存亡之秋，经过会议讨论，长州藩决定挪用抚育局的这笔巨款，向朝廷捐款七十万两白银。到了毛利齐熙时期，德川家齐以大御所①的身份掌握实权，奢侈腐化，各藩国纷纷效仿，奢靡之风遍布日本。长州藩也不例外，骄奢淫逸，歌舞升平。毛利齐熙生活奢靡，让人修建豪宅，长州藩的财政入不敷出。天保七年（1836年），荻城、房州、长州洪水泛滥，粮食颗粒无收，物价飞涨，民有菜色。一年内三个藩主死亡：天保七年五月，毛利齐熙死于江户；天保七年九月，毛利齐元死于长州藩；天保七年十二月，嗣子毛利齐广去世。毛利家族处于危急存亡之秋。

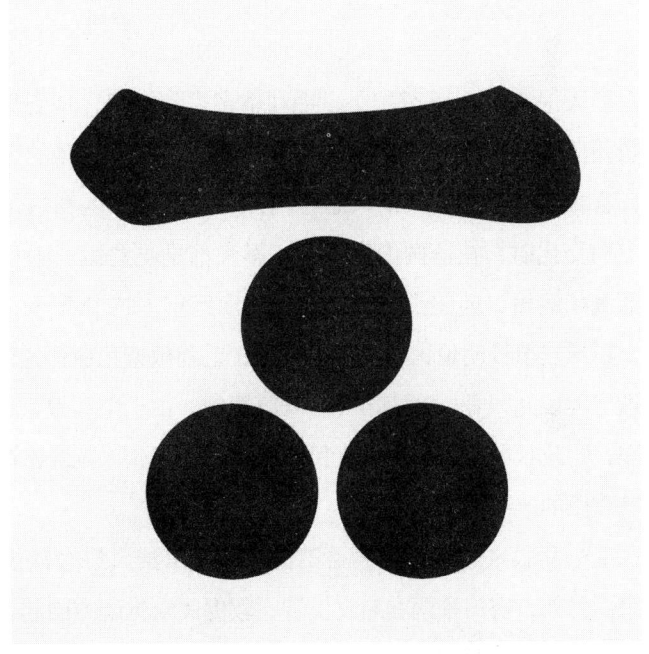

毛利家族的标志——长门星

---

① 大御所，古代日本对退位或隐居的亲王、摄关父亲的尊称，后来指代退位的征夷大将军或者现任征夷大将军的父亲。

村田清风

　　天保八年（1837年），毛利敬亲来到江户，得到德川幕府的允许后继任长州藩藩主。之后，毛利敬亲厉行俭约，让长州藩的民众休养生息。重臣益田玄蕃及其手下村田清风悉心辅佐毛利敬亲。毛利敬亲非常节俭，在去江户参勤交代时，在藩国内视察时，早晚都是吃盒饭。毛利敬亲兴修水利，利于灌溉和运输，还奖励习文练武。嘉永元年（1848年），毛利敬亲命人在郊外重新修建藩校明伦馆。在军事方面，毛利敬亲积极引进西方的枪炮和阵法，制造"丙辰丸"号、"庚申丸"号等军舰。由于毛利敬亲锐意改革藩政，五谷丰登，财政状况大有好转，士民欢欣鼓舞。长州人至今都敬慕、称颂毛利敬亲及其重臣的政绩。

　　毛利敬亲励精图治，益田玄蕃及村田清风悉心辅佐，长州藩日益强大起来。另外，吉田松阴在启发民智、敦促民众觉醒方面起了很大的作用。吉田松阴可以和水户藩的藤田东湖、萨摩藩的西乡隆盛相媲美。吉田松阴开设松下私塾，教育子弟。吉田松阴还游学四方，考察海岸的防务。嘉永四年（1851年），吉田松阴曾和肥后的志士宫部鼎藏到佐渡考察日本的海防。此外，吉田松阴还和佐久间象山等志士交往。吉田松阴对幕府专横不满，慨叹日本皇室衰微。吉田松阴教授攘夷论、西方步兵论等，门生中有高杉晋作、伊藤博文、木户孝允、山县有朋等，有为之士辈出。吉田松阴的这些门生继承了村田清风等的事业，掌管长州藩的藩政。后来，吉田松阴获罪，被长州藩押解至江户。后来，长州藩炮轰外国军舰，四面被幕府军队包围，危在旦夕。吉田松阴勇往直前，面对困难从不气馁，受这一精神的熏陶，吉田松阴的门生们不懈努力，使长州藩转危为安。吉田松阴的门生们进而主导实施明治维新大业。

长州藩实力雄厚，充满活力，主张提高朝廷的权威压制德川幕府的专横。此时，德川幕府已经衰相毕现。嘉永六年（1853年）以来，日本政局动

高杉晋作

山县有朋

荡，德川幕府因循守旧，不堪重负。长州藩再也不想蛰伏下去，于安政四年（1857年）派伊藤博文、山县有朋等到京都考察日本国内的形势。安政五年（1858年），堀田正睦上京，要求朝廷批准条约。京都舆论沸腾，中山忠爱和三条实万派人去长州藩商议应对德川幕府的对策。朝廷公卿邀请长州藩共谋大计，对长州藩的藩内局势带来了重大影响。长州藩的下层藩士、志士宣扬过激的攘夷论，批判德川幕府专横跋扈。然而，长州藩高层不能草率行事，需要审时度势，抓住良机采取行动。安政五年九月，长州藩派周布政之助上京，将藩主毛利敬亲的书信交给鹰司政通、中山忠爱、三条实万，阐明了长州藩尊王攘夷的立场。之后，周布政之助觐见孝明天皇，阐述了如下观点。

朝廷失去政权已久，幕府无能，外夷猖獗。朝廷必须恢复政权，领导日本人攘夷。

回到长州藩之后，周布政之助劝说毛利敬亲尊王攘夷，家臣们和藩士们纷纷响应。毛利敬亲派毛利出云到江户探听消息。这时，大老井伊直弼专权，对外与各国签订条约，对内大肆拘捕志士，严惩朝廷公卿，舆论哗然，百姓怨声载道。朝廷给水户藩下达敕令，井伊直弼想夺回敕令。这导致水户藩藩士对井伊直弼恨之入骨，谋划暗杀井伊直弼。吉田松阴则主张长州藩志士暗杀间部诠胜。德川幕府认定吉田松阴和梅田云浜等通谋，抓捕吉田松阴之后将其押解至江户，之后将其处死。长州藩志士群情激愤。这时，水户藩浪人已经杀死了

周布政之助

井伊直弼，德川幕府受到了重创。政治中心逐渐向京都转移，德川幕府不得不得过且过。樱田门外之变后，浪人在江户横行，大名们加强了戒备。长州藩也加强了在江户的长州藩藩邸的防卫工作。万延元年（1860年）三月，长州藩的嗣子毛利元德来到江户，毛利敬亲得到德川幕府的允许后回到了长州藩。长州藩紧邻关门海峡，当时外患频仍。万延元年八月，外国船闯入日本领海。毛利敬亲致信德川幕府请示如何应对外国船。当时，毛利敬亲风闻德川幕府要开放马关港，这对长州藩十分不利。毛利敬亲命令家臣视察马关港。这时，一艘

毛利元德

英国船来到马关港,要求补给煤炭。与其他藩国相比,长州藩跟外国人打交道的机会较多。因此,长州藩进行了军事改革,采用西洋阵法操练步兵、骑兵,海防力量较强。

文久元年(1861年)以后,德川幕府处心积虑,打算通过和宫亲子内亲王下嫁征夷大将军德川家茂实现公武合体。浪人越来越猖獗,搞得长州藩人心惶惶。毛利氏采取措施,稳定藩内局势,积极介入德川幕府和朝廷事务。长井雅乐建议毛利敬亲发展航海业,积极介入公武合体事宜。毛利敬亲采纳了这一建议。文久元年五月,长井雅乐来到京都面见正亲町三条实爱,建议朝廷发展航海业,积极实施公武合体政策。正亲町三条实爱十分赞同,并上奏孝明天皇,得到了孝明天皇的赞许。文久元年十二月,毛利敬亲来到江户,让长井雅乐将主张发展航海业、积极实施公武合体政策的建议书呈递给老中久世广文。久世广文和其他老中都表示赞成。之后,德川幕府开始倚重长州藩。萨摩藩中也有很多人赞成长井雅乐的建议。然而,长州藩内的意见并不统一,有不少人反对长井雅乐的做法。各藩国的志士中也有很多人讨厌长井雅乐,西乡隆盛把长井雅乐视作佐幕派的大奸臣。长井雅乐的命运堪忧,遭到反对派的弹劾后,文久二年(1862年)六月十八日,长井雅乐被命令回到长州藩。之后,尊王攘夷论在长州藩占据优势。

第2节 长州藩和土佐藩从中斡旋

岛津久光协助敕使大原重德传达敕令,让德川幕府起用德川庆喜、松平春岳,之后回到萨摩藩。当时,长州藩在京都势力很大。与此同时,毛利元德来到江户敦促德川幕府为德川齐昭赠官位和谥号,并大赦水户藩志士。文久二年九月,朝廷决定再次派遣敕使到江户。关白近卫忠熙通知德川庆喜于文久二年十一月上京。文久二年九月二十八日,正亲町三条实爱被任命为敕使。土佐藩藩主山内丰范和三条家族、毛利家族都联姻,负责护卫正亲町三条实爱东下。

德川庆喜和松平春岳都主张门户开放，共同掌管幕政。朝廷的敕令却要求幕府采取攘夷政策。德川庆喜和松平春岳都是尊王派，但在外交上并不赞同朝廷的政策，所以二人极力劝说朝廷收回成命。这时，住在江户的土佐藩前藩主山内容堂奉劝松平春岳："幕府式微，无法压制各藩国和志士们，如果违背敕令，必然导致幕府覆亡。"松平春岳认为山内容堂的话很有道理，于是他们一起去劝说德川庆喜。然而，德川庆喜不听劝告，决定于文久二年（1862年）十月八日从江户前往京都，向朝廷阐述世界形势，让朝廷转变观念。

德川庆喜上京的消息传开，京都舆论哗然。公卿们认为德川庆喜蔑视朝廷的决议，主张立刻让敕使东下，阻止德川庆喜上京。近卫忠熙命松平容保通知德川幕府做好迎接敕使的准备工作，并转告德川幕府："幕府向来对敕使傲慢，希望幕府遵守君臣之分，善待敕使。"然而，一直以来，敕使贪得无厌，寡廉鲜耻，敕使的仆从蛮横无理，侵扰沿路百姓，百姓无一不憎恨敕使。敕使受到德川幕府轻视也是咎由自取。有志之士对敕使随从的不检点行为十分担忧。于是，有人将曾经跟随已故敕使三条实万胡作非为的两个随从抓住交给了京都有关部门法办。这样一来，正亲町三条实爱在前往江户途中，没有扰民。老中板仓胜静反对更改德川幕府创立时对接待敕使做的规定，改善敕使的待遇，理由是："如果答应近卫忠熙的条件，幕府会受到大名和浪人的轻视，朝廷会得寸进尺。"德川庆喜赞成板仓胜静的意见。只有松平春岳反对板仓胜静的意见。文久二年十月十三日，松平春岳提交辞呈并上书德川幕府说："要避免政策失误，幕府应该尊重君臣之分，每逢大事请示朝廷，这样才能赢得人心。否则，在内政外交上幕府会很被动。因此，我主张应该改善敕使的待遇。"这时，敕使已经从京都出发了。

松平春岳的政务总裁一职是朝廷任命的，而今松平春岳辞职的话，德川幕府要承担违背朝廷命令的责任。山内容堂等非常担忧，游说老中们，最终让德川幕府同意按照近卫忠熙的意思善待敕使。松平春岳这才回心转意，打算收回辞呈。然而，德川庆喜一味坚持门户开放政策，不愿执行朝廷的攘夷政策。文久二年十月二十二日，松平春岳又向德川幕府提交了辞呈。这时，正亲町三

小笠原长行

条实爱已经快到江户了,而德川幕府的将军监护人德川庆喜和政务总裁松平春岳意见不合,幕府重臣们进退维谷。文久二年(1862年)十月二十八日,正亲町三条实爱抵达江户。松平春岳和水野忠精、松平信义、板仓胜静、小笠原长行这四位老中接待了正亲町三条实爱,转达了德川家茂对他的问候之后,款待他。文久二年十一月二十七日,正亲町三条实爱在江户内城受到隆重接待,山内容堂非常高兴。正亲町三条实爱派人向京都议奏汇报了德川幕府的情况,对德川幕府接待自己的规格和待遇非常满意。

之后,德川幕府召开会议讨论是否执行朝廷敕令中的政权方针。德川庆喜依然主张朝廷的攘夷论不可行,恕难从命。此时,德川家茂和夫人和宫亲子内亲王患了麻疹，大奥①内一片混乱。坊间传闻浪人们正在谋划刺杀幕府重臣的事情。其实，浪人们的意见也不统一，有的主张德川幕府不必遵奉朝命，有的则主张诛杀德川庆喜及赞成其政见的幕府重臣。为了实现公武合体的目标，山内容堂尽力从中斡旋。文久二年（1862年）十一月四日，山内容堂拜访正亲町三条实爱，说："幕府已经决定遵照敕令攘夷，但攘夷的具体时间和做法无法马上确定下来。即便现在催促幕府也无济于事。"长州藩和大部分幕府重臣也赞成山内容堂的这一意见。然而，德川庆喜不同意攘夷，并于文久二年十一月十五日向幕府递交辞呈。这样一来，幕府政务就停顿了。后来，松平春岳、山内容堂、细川韶邦等百般劝说，德川庆喜才回心转意，答应遵照朝廷的命令施政。

在幕府内部意见出现分歧，迟迟不能决定是否遵照朝命攘夷时，长州藩和土佐藩的浪人们计划袭击横滨的外国人。毛利元德和山内容堂等极力压制和劝慰，浪人们才中止了计划。此时，德川家茂已经卧病在床，担心会怠慢正亲町三条实爱，便写信给德川庆喜，让他转告正亲町三条实爱，致以问候，并表明遵奉朝廷命令的愿望。德川庆喜看完德川家茂的信后，更加坚定了与朝廷合作的决心。正亲町三条实爱、小笠原长行等主张处罚井伊直弼的彦根藩。德川庆喜害怕有人说自己处罚彦根藩是公报私仇，一直犹豫不决。在其他老中和正亲町三条实爱的劝说下，德川庆喜决定处罚彦根藩。

正亲町三条实爱宣读敕令，明确要求为朝廷设立亲兵。长州藩表示赞同。德川幕府为了表示对朝廷的恭顺，答应实施攘夷政策并让征夷大将军上京。然而，朝廷设立亲兵意味着朝廷拥有了自己的军队，这是德川幕府绝对不能答应的。德川庆喜拒绝了朝廷的这一要求。因为这个原因，长州藩对德川幕府十分不满。毛利元德在回长州藩之际，上书劝谏幕府同意朝廷设立亲兵。此时，德川幕府已经着手改革昌平学校②，大赦天下，改革兵制。昌平学校自创立以来一直归林家管辖，所教授的内容仅限于程朱理学。在宽政年间，昌平学

---

① 大奥，日本德川幕府时代征夷大将军的生母、家眷、女官在江户城的住所。
② 昌平学校，指的是昌平坂学问所。

校起用了柴野栗山、古贺精里、尾藤二洲，严格禁止异端。在小笠原长行的建议下，幕府设立了学问所奉行管理昌平学校，大大削弱了林家的权限。

文久二年（1862年）十二月二十五日，德川幕府任命蜂须贺齐裕为陆军总裁①，负责充实军备。近卫忠熙写信给松平春岳，要求德川幕府赦免关押在监狱的浪人们，并加以录用，广开言路。松平春岳和板仓胜静等商议此事，计划今后将浪人们集中在一起，加强管理，为幕府所用。松平春岳命令讲武所头目松平忠敏积极招募录用浪人。起初，德川幕府打算招募五十名浪人，结果来了三百名。德川幕府将这些浪人称作"新选组"，由松平忠敏统率。德川幕府为了维护自己的统治，进行了一些改革。文久三年（1863年），德川家茂上京之后，政治舞台开始转移到京都。一直以来，松平春岳热心于改革，这时辞职回到了自己的藩国。文久三年六月，小笠原长行被免职，德川幕府的改革事业戛然而止。

第3节　樱田门外之变后京都的形势

水户藩和纪伊藩因外交问题、将军继嗣问题发生争执，形成了一桥派和南纪派，各大藩国、朝廷公卿、有志之士也被卷入两派的争斗之中。两派斗争激烈，最终发生了安政大狱。南纪派的井伊直弼就任大老，一桥派的志士们遭遇惨祸，或被处死，或身陷囹圄，或隐居山林，或明哲保身。公卿们也遭到德川幕府的惩处，胆战心惊。然而，在樱田门外之变中，井伊直弼被杀，南纪派遭受重创。之后不到半年，一桥派的德川齐昭也去世了。南纪派和一桥派都失去了领袖，政治舞台从江户转移到京都，主角已经不是水户藩和彦根藩了，而是长州藩和萨摩藩。长州藩和萨摩藩四下活动，其目的却并非只为德川幕府服务。长州藩为公武合体而奔走，萨摩藩为缓和朝廷与德川幕府的关系而活动，背后都有自己的打算。然而，德川幕府得过且过，想借助长州藩

---

① 陆军总裁，日本幕末时期，德川幕府仿照西方兵制进行改革而设置的军事职位，是德川幕府陆军中的最高职位。

和萨摩藩的力量。内忧外患频仍之际，德川幕府因循守旧，是无法渡过难关的。因此，大名们都不听从德川幕府的命令，德川幕府的权威扫地，政治生命开始走向终结。

文久二年（1862年），岛津久光以陪臣的身份率兵进入京都，频繁出入近卫忠熙等公卿的府邸，讨论政治问题。德川幕府对岛津久光十分不满，却无可奈何。岛津久光作为副使陪敕使正亲町三条实爱东下时，对德川幕府颐指气使。九州日向的高锅藩是一个小藩，却公然违抗德川幕府的命令。德川庆喜和松平春岳都根据朝廷的意见改革幕政。浪人谋划打倒幕府的大计，发生了寺田屋事件。大名和浪人看出德川幕府的实力已经大不如前。朝廷在军事上依靠长州藩等尊王攘夷派势力，已经不再惧怕德川幕府的淫威。实际上，朝廷已经建立了行政机构，开始加强军备。一直以来，在朝廷中处理政务的主要官员是关白和武家传奏。其他大臣、参议、议奏等官员，负责朝廷的各种典礼和杂务，只不过是表示身份的一种虚职。而参与朝廷政务的传奏是德川幕府选任的人，不能违背德川幕府的意志，几乎和幕府官员无异。关白也不能违背德川幕府的意志，否则难以为继。然而，安政五年（1858年），在堀田正睦上京之际，传奏东坊城总长因迎合德川幕府的意思在朝廷里活动，遭到公卿们的口诛笔伐。大原重德甚至扬言要杀死东坊城总长。安政六年（1859年），东坊城总长被朝廷命令永久蛰居。后来，传奏一职也失去了实权。正亲町三条实爱在从京都出发去江户之前，叫来土佐藩藩士小南五郎，说："我此番到关东传达敕令，如果幕府接受敕令，下一步该怎么做？"小南五郎回答说："朝廷直接下令日本各地大名，根据领地的多寡向朝廷贡献士兵，以便巩固京都的根基。假如幕府因循守旧，天皇就任大元帅一职。萨摩藩、长州藩、土佐藩也是这个意思。"

文久三年（1863年）十月五日，长州藩藩士前田孙右卫门上书学习院，建议设置亲兵。正亲町三条实爱也强烈主张设置亲兵，在东下之际建议朝廷下令毛利元德为朝廷设立亲兵一事游说德川幕府。正亲町三条实爱也下令让德川幕府同意朝廷设置亲兵。尽管德川幕府拒绝了这一命令，但朝廷还是直接下令让鸟取藩等藩国守卫京都。

第4节 朝廷采取措施掌握政治和军事实权

正亲町三条实爱以敕使的身份下令德川幕府进行幕政改革。德川幕府惩处了嘉永六年（1853年）以来身居要职的井伊直弼和堀田正睦的主要部下、大名，或削减其俸禄，或命其隐居。接着，正亲町三条实爱督促德川家茂上京。京都的政治机构规模太小，并且有各种资格、身份和不成文的限制，藩士不能参政议政。文久三年（1863年）十二月九日，朝廷进行了政治改革和人事调整。近卫忠熙任关白，正亲町三条实爱、飞鸟井雅典、三条实美、中山忠能任议奏。

三条实美

朝廷把学习院作为议事厅，公卿和尊王派大名们连日在学习院共商国是。藩士、浪人也到学习院参政议政，事实上掌握了实权。激进派在朝廷中占据了优势。浪人的势力很大，德川幕府已经无法将其镇压下去。德川幕府创立以来，是靠武力威慑公卿、大名和百姓来维持政权的。德川幕府一旦实力衰落，即便实施善政也无法维持政权。嘉永六年（1853年）以来，德川幕府已经不具备强大的武力了，无法守护日本边疆、海岸，甚至无力弹压征夷大将军所在地江户的浪人。在光天化日之下，身为大老的井伊直弼被杀，无辜的外国人被杀伤。浪人、各藩藩士等在京都大打出手，治安混乱。朝廷感到内忧外患日益严重，这才命令鸟取、福冈等藩国派兵守卫京都。京都所司代酒井忠义被免职之后，德川幕府任命松平宗秀为京都所司代。然而，松平宗秀在京都人缘很差，最终德川幕府命会津藩藩主松平容保任京都所司代。一直以来，德川幕府只选择谱代大名中俸禄在十万石以下的大名任老中、京都所司代、大阪城代等要职，处理幕政。在这一特殊时期，德川幕府需要有实力的谱代大名担任京都所司代。于是，德川幕府选中了松平容保。京都所司代责任重大，需要弹压长州藩及长州藩一派的公卿、大名、有志之士。会津藩藩主从未担任过京都所司代，所以松平容保起初犹豫不决，不知道自己是否应该担任这一职务。文久二年（1862年）十二月四日，松平容保抱着必死的决心到京都上任。会津藩的实力远不及萨摩藩和长州藩。到了文久三年（1863年），形势紧迫，对德川幕府越来越不利。朝廷为了广开言路，下令朝野人士上书言事，学习院负责受理这些文件。文久二年十二月十八日，朝廷召集在京都的大名，给他们下达诏书，鼓励他们上书言事。由此可见，朝廷在采取切实措施，一步步恢复政权。

与此同时，正亲町三条实爱在江户督促德川幕府执行攘夷政策，并制定为朝廷设立亲兵的时间表。朝廷设置亲兵意味着夺去德川幕府的兵权，若是失去兵权，德川幕府就失去了存在的基础。德川家茂在朝廷中的官职是右近卫大将，本身就担负着守卫朝廷的任务。而今，朝廷撇开德川家茂另设亲兵，这是德川幕府无法接受的，所以朝廷设置亲兵的问题久议不决。在正亲町三条实爱回到京都、德川家茂上京之后，设置亲兵的事情才有了进展。长州藩、激进派公卿及浪人等尽了最大努力，于文久三年（1863年）三月八日，终于公布了设置亲兵的命令。三条实美任亲兵总督，负责守卫皇宫，兵权终于回归朝廷。而德川幕府已经任命松平容保为京都所司代，其职责就是守卫皇宫。二者势必发生冲突。长州藩派人送信给三条实美，表示希望向朝廷贡献士兵。在朝廷一步步实施收回实权的计划时，德川家茂来到了京都。朝廷和幕府的斗争逐渐加剧。结果，激进派在京都占了优势，并计划在文久三年五月十日推动孝明天皇御驾亲征攘夷。事实上激进派计划打着攘夷的旗号，让天皇御驾亲征讨伐幕府。文久三年五月七日，朝廷制定了《亲兵编制法》。三条实美给在京都的各藩国留守人员下达了命令，让五十一个藩国出一千两百四十七名士兵守卫皇宫。随着朝廷逐渐收回兵权和行政权，德川幕府的命运也快到尽头了。究其原因，在外患频仍的情况下，尊王攘夷论甚嚣尘上。

美国海军将领马休·佩里叩开日本国门之后，尊王攘夷论开始抬头。长期以来，毛利氏以尊王而著称。毛利敬亲派长井雅乐在京都四下游说朝廷公卿时获悉朝廷的政策是攘夷，而自己的航海贸易政策与朝廷政策背道而驰，有悖于臣道。因此，文久二年（1862年）七八月，毛利敬亲放弃发展航海贸易的既定方针，开始倡导尊王攘夷论。孝明天皇对外国人来到日本颇感焦虑。孝明天皇聪明好学，是一位有为的天皇，但并不了解国际形势。因此，孝明天皇听说德川幕府在外交问题上遇到了很多困难时忧心忡忡。马休·佩里叩开日本国门一事传到京都时，孝明天皇遣使到伊势神宫祈祷神灵攘夷。之后，听说美国公使汤森·哈里斯态度傲慢，盛气凌人，德川幕府的谈判很不顺利，孝明天皇又派人到伊势神宫祈祷攘夷。孝明天皇认为自己在位期间，日本受到外夷蹂躏的话，对不起列祖列宗。在堀田正睦上京期间，孝明天皇嘱咐堀田正睦千万不要让外夷进入京都附近。堀田正睦通过议奏将条约的缔结过程一五一十地禀奏给孝明天皇，说明日本应该顺应世界大势，开放门户，与外国通商。孝明天皇很不情愿日本和外国交往，但日本没有拒绝与外国交往、通商的实力，如果一意孤行，战败受辱，对不起列祖列宗。因此，孝明天皇也不敢大张旗鼓地倡导攘夷。文久二年八月二日，毛利敬亲派中村九郎兵卫到京都拜访中山忠能，探听孝明天皇对时政的看法。由此可见,长州藩并非根据自己的意愿倡导攘夷,也没有动员朝廷公卿们攘夷,而是想方设法搞清楚孝明天皇、朝廷的想法后,按照朝廷的想法采取行动。

当时,在外交问题上,朝廷分为两派,温和派主张门户开放,强硬派主张锁国攘夷。因此,朝廷的舆论导向因时、因人而异,这更让孝明天皇感到烦恼。长州藩派人咨询中山忠能,但中山忠能的看法未必是朝廷和孝明天皇的看法。对此,长州藩也颇感纠结。公卿们只是费些口舌,犹豫不决,最后不会有任何实质性损失。然而,长州藩的武士们不同,他们是在用生命做赌注,在外交问题上采取的政策不同,他们的命运也不同。朝廷赞成门户开放还是锁国攘夷必须予以明确,否则长州藩不知道何去何从。毛利敬亲曾经请求朝廷给出明确答复,朝廷却一直没有表态。不过,留守京都的长州藩藩士在与公卿和各藩国志士们交往的过程中,逐渐意识到大部分公卿倾向于锁国攘夷。所以久坂玄瑞等长州藩藩士开始主张攘夷论。长井雅乐因主张门户开放,被迫离开京都回到长州藩。于是,长州藩开始主张攘夷论,这一观点反过来又对公卿们产生了影响。长州藩的久坂玄瑞主张长州藩要注重节义,严守君臣之道,体谅孝明天皇的心情,贯彻朝廷的攘夷政策。

长州藩在京都倡导攘夷论,赞同攘夷论的公卿开始得势。文久二年(1862年)六月三日,与德川幕府关系密切的关白九条尚忠被免职,近卫忠熙取而代之。文久二年八月十三日,岩仓具视、千种有文弹劾并促使朝廷罢免了九条尚忠派的公卿。尊王攘夷派公卿在朝廷中占了优势,议奏三条实美最有实力,长州藩的攘夷论得到了朝廷的认可。浪人在京都气焰嚣张,毫无忌惮。浪人在晚上暗杀自己怨恨的人,首级、断臂滚落京都街头,非常血腥。关东的浪人比京都有过之而无不及。文久二年闰八月十四日,长州藩派益田弹正、周布政之助等到近卫忠熙的府上商议攘夷大计,并将议定的文稿交给公卿们讨论。公卿们都说没有异议。文久二年闰八月二十七日,中山忠能叫来毛利氏家臣毛利筑前、益田弹正,告诉他们朝廷已经同意了长州藩的建议。

近卫忠熙任关白之后,久迩宫朝彦亲王也恢复了人身自由。近卫忠熙和久迩宫朝彦亲王共同执掌朝政。萨摩藩的藤井良节等经常出入近卫忠熙的府邸，通过近卫忠熙结识了久迩宫朝彦亲王。因此，萨摩藩对朝政有很大的影响力。此外，岛津久光和大原重德一起东下，劝德川幕府实施幕政改革。萨摩藩的政治地位受到日本全国的瞩目。这让长州藩大吃一惊，长州藩在京都拉拢少壮派公卿，竭尽全力扩张自己的势力。长州藩不愿看到萨摩藩一天天壮大，便征求少壮派公卿的建议。少壮派公卿表达了下述看法：

> 岛津久光和大原重德在江户敦促德川幕府起用德川庆喜和松平春岳，在外交上采取攘夷政策。德川幕府迫于压力，一一答应，但因循姑息，得过且过，德川幕府的弊端依然根深蒂固。长此以往，朝廷的目标无望实现。朝廷的权威无法恢复，必然会出现奸臣当道、国家大乱的局面。德川幕府不会放弃自己的政权，还会继续压制公卿。要明确君臣之分，天皇是君，征夷大将军是臣。朝廷要严令德川幕府在攘夷上取得实效。

正亲町三条实爱、姊小路公知等朝廷重臣和朝廷的下层官员村井少进、结城筑后及各藩国志士们赞成少壮派公卿的上述观点。于是，朝廷决定再次派敕使东下关东，由正亲町三条实爱和姊小路公知分别任正副敕使。长州藩和土佐藩协助正亲町三条实爱和姊小路公知东下传达敕令。敕令要求德川幕府攘夷，德川庆喜、松平春岳等幕府高层意见出现分歧，纷纷闹着辞职。德川幕府对长州藩和土佐藩协助敕使胁迫自己遵奉敕令十分不满。

文久二年（1862年）十二月七日，正亲町三条实爱和姊小路公知离开江户。文久二年十二月十一日，松平容保前往京都，就任京都守护。文久二年十二月十六日，为了加强大阪的防守，德川庆喜离开江户前往大阪。文久三年（1863年）一月二十三日，松平春岳上京。德川幕府意识到形势紧迫，请求朝廷把征夷大将军的官位降一等，以表示对朝廷的歉意。然而，朝廷没有批准德川幕府的这一请求，答复说："用攘夷的实际行动来弥补以前的过失。把将军监护人德川庆赖的官位降一等,并命德川庆赖隐退。"文久二年(1862年)七月,毛利敬亲来到京都,任学习院总裁,日本的政治舞台开始转移到京都。岛津久光回到京都之后,告假回萨摩藩了。这样一来,朝廷的实权掌握在长州藩手中。近卫忠熙也没有保住关白的职位,于文久三年(1863年)正月二十三日辞职。鹰司辅熙继任关白一职。文久三年二月二十三日,大原重德被命令蛰居。毛利敬亲及毛利元德在京都被加封高官,执掌大权。

第5节 松平容保就任京都守护

会津藩是日本东北的雄藩,以武立国,很有特色。宽文八年(1668年)四月十一日,第一代会津藩藩主保科正之制定家训,代代遵守。第五代藩主松平容颂重用田中玄宰,奖励文武之道,宽以待民,殖产兴业,政绩卓然。自

松平容颂

田中玄宰

此，会津藩势力大振，成为日本东北的强藩，是拱卫幕府的藩屏。文化二年（1805年），松平容颂去世。后来，美浓国高须藩藩主松平义建的六儿子松平容保继任第九代会津藩藩主。松平容保是尾张藩藩主德川庆胜、德川茂德的弟弟。松平义建是水户藩藩主德川治保的孙子。松平义建娶了水户藩藩主德川齐昭的妹妹。文久年间，日本正处于乱世，松平容保是和山内容堂、德川庆喜相媲美的名君。

在松平容保参与幕政之初，井伊直弼被杀，安藤信正受伤。德川幕府一改昔日的强硬作风，开始遵奉朝廷敕令。会津藩是强藩、亲藩，有资格参与幕政。然而，会津藩藩主只关心藩政，从不参与幕政。当时，水户藩发生内讧，德川幕府催逼水户藩交还敕令。长冈驿暴徒聚集在长冈驿，阻止水户藩交还敕令。井伊直弼打算让尾张藩和纪伊藩讨伐长冈驿暴徒，松平容保表示反对。松平容保性格温和，认为用兵力压制长冈驿暴徒的做法不可取。因此，松平容保禀奏德川家茂之后，终止了井伊直弼的这一措施。由于松平容保处事稳重，再加上会津藩是强藩、亲藩，所以井伊直弼死后，松平容保得到了德川幕府的倚重。文久二年（1862年）五月三日，德川幕府命松平容保参与幕政。大原重德和岛津久光到江户传达敕令时，松平容保从中周旋，让德川幕府遵奉敕令。之后，尾张藩藩主德川庆恕、水户藩藩主德川庆笃免除蛰居。文久二年六月，大原重德、岛津久光传达敕令，建议德川幕府罢免酒井忠义的京都所司代一职。德川幕府决定由松平宗秀取代酒井忠义，大原重德不同意。松平春岳推举松平容保做京都所司代，理由是："会津藩是大藩，藩主松平容保是忠孝之士，德高望重。"然而，松平容保当时正在养病，不愿接受这一重任。松平春岳劝说数次，德川家茂又派使者前来劝说。松平容保的家臣也劝道："幕府对会津藩恩重如山，现在是抛却会津藩的私利，为幕府效力的时候了。"此外，留守江户的会津藩家臣横山氏等也赞成松平容保担任京都所司代一职。于是，松平容保答应上任。

　　文久二年闰八月一日，德川幕府任命松平容保为京都守护，叙正四位下，加薪五万石，借给松平容保一些钱。松平容保在前往京都上任时，派家臣先行到京都打探情况。在德川幕府处于危急存亡之秋，松平容保谨遵家训，抛却会津藩的利益，抱着必死的决心，甘当重任。有人指责松平容保搞错了效忠的对象，但松平容保的忠心可嘉。

　　松平容保接受京都守护一职的任命之后，德川幕府让他自己选择助手。于是，松平容保推荐牧野忠恭做京都所司代，推荐永井尚志做京都町奉行。当时，各藩国的浪人们在京都宣扬尊王攘夷论。这些浪人根本不考虑日本全国的利害得失，偏执地认为宣扬攘夷论者就是忠勇之士，值得赞扬。但凡有人宣扬与外国通商对日本有利，就会被骂作奸佞之徒、胆怯之徒，遭人蔑视。因为担心遭到浪人们的暗杀和迫害，即便是大藩的藩主，也不敢讲真话。本来，山内容堂赞成门户开放，但不敢明说，只能含蓄地表达。即便如此，山内容堂的家臣们还是把主君出版的违禁书藏了起来，生怕主君遭到浪人们的毒手。公卿们都赞成浪人们宣扬的尊王攘夷论。

幕府高层意识到"在当今的国际形势下,盲目攘夷是不可行的",依然与外国保持着友好关系。于是,德川幕府和朝廷之间的矛盾越来越深。松平容保对此非常担忧,尽心竭力从中调和。在去京都上任之前,松平容保上书德川幕府:

> 如今外夷船坚炮利,蛮横无理,我日本危在旦夕。浪人宣扬尊王攘夷论,天皇陛下也倾向于锁国攘夷。二百多年来,我日本自给自足,无须和外国通商。和外国通商对外国有利,对日本却无利。京都和各藩国倡导门户开放和通商的大名、藩士、浪人越来越少。识时务者为俊杰,若想公武合体,应该执行朝廷的命令,坚决攘夷。

然而,幕府高层非常顽固,对松平容保的建议不置可否。德川幕府虽然对国际形势认识得很到位,但对日本国内形势的严峻性估计不足。不过,有的老中指出:"松平容保对幕府赤胆忠心,他提的建议也是发自肺腑。如果我们就这样生硬地拒绝采纳,松平容保会心寒的,还可能辞去京都守护一职。"于是,幕府高层决定接受松平容保的建议。尽管德川幕府表示接受松平容保的建议,但实际上根本不打算付诸实施。幕府高层只是宣读了一遍松平容保的建议书。德川幕府的这一做法只不过是在搪塞松平容保。松平容保在接受京都守护的任命后,一心一意想缓和朝廷与德川幕府之间的紧张关系。松平容保的想法是:"在建议幕府遵奉朝廷敕令的同时,找机会劝说朝廷认真观察当时的国际形势,斟酌盲目攘夷是否可行。"可以说,松平容保的这一想法是可取的、妥当的。这也是松平容保出于一片赤忱提出的比较中肯的建议。"明治维新三杰"西乡隆盛、大久保利通、木户孝允顺应时代潮流,在明治维新中建立了丰功伟业。会津藩缺乏萨摩藩和长州藩那样的俊才,事事被动,最终以失败告终。尽管如此,在赤胆忠心、一心为公方面,松平容保等会津藩人士绝不比任何人差。

松平容保即将上任时,听说第二批敕使正亲町三条实爱、姊小路公知已

姊小路公知

经东下。于是，松平容保决定暂缓动身，准备接待正亲町三条实爱、姊小路公知。当时，如何接待正亲町三条实爱、姊小路公知对于德川幕府来说是一个难题。会津藩在这件事情上出了大力气。一直以来，德川幕府接待敕使比接待朝鲜使臣的礼数、仪式等简单得多，朝廷认为德川幕府缺少礼数，不尊重朝廷。因此，近卫忠熙派人告诉松平容保："朝廷希望幕府改变此前接待敕使的方式，应该提高规格，隆重接待。"正亲町三条实爱也叫来会津藩的家臣野村直臣、柴秀次，把近卫忠熙的话重复了一遍，让他们转告给松平容保。然而，幕府高层说应该按照惯例接待敕使，拒绝了正亲町三条实爱的要求。松平容保对德川幕府的这一做法表示反对，便和松平春岳一起上书德川幕府："眼下，日本国内形势紧迫，对幕府十分不利。如果幕府依然按照惯例接待敕使，会加深幕府与朝廷之间的矛盾，公武合体就无法实现。"最终，德川幕府采纳了松平容保的建议，不再按照惯例接待敕使，而是大大改善了对敕使的待遇，尽力做到无微不至，接待规格也大大提高。正亲町三条实爱、姊小路公知对这一点非常满意。文久二年（1862年）十二月七日，正亲町三条实爱、姊小路公知踏上归途。文久二年十二月十一日，松平容保主仆一行抱着必死的决心前往京都上任。德川幕府原本一直坚持门户开放政策。因此，接到朝廷敕令后，德川幕府表面上宣扬锁国攘夷，实际上却并未付诸行动，只是给正亲町三条实爱和姊小路公知做个样子看而已。

第6节 浪人横行霸道

松平容保抵达京都之后，德川幕府向近畿的大名下令说："一旦有变，你们要派兵驰援京都，具体行动要听从京都守护松平容保的指挥。"当时，京都几乎处于无政府状态。萨摩藩、长州藩、土佐藩的藩士们、浪人们云集京都。浪人们胡作非为，无法无天，令人发指。九条尚忠的家臣岛田左近等都被浪人们暗杀了，有的被枭首，有的被割去两只耳朵，甚至有尸首被扔到议奏的家中。有的浪人在伊达宗城下榻的客栈门上贴纸恐吓。当时公卿们都赞成浪人们的攘夷论。松平容保对德川幕府忠心耿耿，对于他来说，这时稳定京都形势是一个很大的难题。松平春岳性格温和，愿意遵奉朝廷的敕令。然而，松平春岳看到浪人们在京都的恶劣行径后，十分愤慨。松平春岳主张逮捕为非作歹的浪人们，严加惩处。松平容保完全赞同松平春岳的想法。然而，松平容保担心采用强硬手段会重蹈井伊直弼的覆辙，只好采取了忍让克制的态度。

文久三年（1863年）二月十五日，德川庆喜、松平春岳、山内容堂、伊达宗城等在二条城会面，商议如何处置浪人们。在场的多数人都主张逮捕并惩办浪人们。松平容保坚决反对这样做，理由如下。

逮捕、惩办浪人们会阻塞言路，导致下情不能上达。要想打开言路、下情上达，就应该改革幕府的积习弊端，这样一来，浪人们就会支持幕府，不再胡作非为。在这件事情上，我们应该和关白鹰司辅熙商量一下。

德川庆喜和松平春岳反对松平容保的建议，但松平容保任京都守护，是专门负责维持京都治安的官员，应该尊重松平容保的意见。于是，德川庆喜等决定就按照松平容保说的办。德川庆喜下令设置意见箱，说道：

无论什么事情，无论什么人，如果有什么新的发现，都可以写信放入意见箱，要知无不言、言无不尽。在信上可以署名，不想署名者，匿名也可以。

之后，德川庆喜派人叫来浪人中岛锡胤，告诫他要通过意见箱反映情况，不要诉诸暴力。也有人拜访松平容保，提了一些建议。然而，浪人们依然我行我素，暴力事件并未终止。松平容保对此采取了克制的态度。德川幕府对朝廷的物资供应依然按照宽政以前制定的标准执行。由于物价飞涨，公卿们的实际收入大幅缩水，公卿们怨声载道。于是，松平容保按照当时的物价水平提高了物资供应的标准。

尽管如此，浪人们的暴力行为依然有增无减。甚至有的浪人将室町幕府第三代征夷大将军足利义满塑像的头部砍掉了。松平容保忍无可忍，大发雷霆。据参与砍掉足利义满头像的浪人小室信夫和中岛锡胤讲，他们这样做是为了给攘夷行动祭旗，预祝旗开得胜。其实，当时的人很少按照这样的意思解释。时人的直觉是，浪人们把足利氏征夷大将军的塑像比作德川氏征夷大将军的塑像，砍掉足利氏征夷大将军的头像就相当于砍掉德川氏征夷大将军的头或者头像。歌舞伎及其他戏剧中对此事也是这样解释的。同时浪人们在发出的檄文中说：

日本是皇国，最重忠义二字。源赖朝设立镰仓幕府，夺去朝廷权力，属于乱臣贼子。足利义满欺侮皇室，罪恶滔天，人神共诛之。当下，应该明确大义名分，恢复皇权，革除旧弊。

松平容保听说此事后说道：

> 我自上任以来，对浪人们宽大。这是因为我认为浪人们尊重皇室，强调大义名分。然而，浪人们阳奉阴违，挂羊头卖狗肉。浪人们打着尊王的旗号，为了自己的目的肆意横行。浪人们毫无良知，毫无责任感，不顾国事艰难，不顾国家的前途，一味地进行暴力袭击，扰乱社会秩序。浪人们打着攘夷的旗号，在冥顽不化的公卿们面前煽风点火，蛊惑无知的士民。这些浪人的手段极其残忍，无异于掘墓鞭尸。足利义满的所作所为的确有过错，遭人非议也在所难免。不过，足利义满位极人臣，官位也是朝廷所赐。而今，我们执行的政策是广开言路，浪人们如果有意见可以提。然而，浪人们胸无点墨，提不出什么好建议。浪人们只知道诽谤当局，蛊惑民众，蔑视天威，违反国法。我们不能姑息养奸，必须严惩这等狂徒。

本来，德川庆喜、松平春岳强烈主张严惩浪人们，因而除长州藩反对严惩浪人们之外，没有人再为恶贯满盈的浪人们说好话了。于是，德川幕府决定逮捕浪人们，进行严惩。

与此同时，在严惩浪人之际，德川幕府使用了以毒攻毒之计。此前，文久二年（1862年）冬天，德川幕府招募浪人，将其编为新选组。到京都之后，新选组驻扎在京都西面的壬生村地藏寺，世人称之为壬生浪士。之后，新选组的清河八郎等一部分人回到关东，计划袭击横滨的外国人。近藤勇、土方岁三等二十五人留在了京都。松平容保打算用近藤勇等镇压浪人们。与此同时，为了便于管理，松平容保计划将分散在各地的新选组集中在一起，扩大新选组的队伍，让新选组的成员们互相联系，侦察关西浪人的举动。新选组始终作为德川幕府的耳目四下活动。在寺田屋事件中抓捕闹事的志士时,新选组也起了重要作用。不过,新选组的成员做事也很粗暴。在京都人眼里,新选组和关西浪人一样令人恐怖。由于担忧无法制服胡作非为的关西浪人,松平容保采用了以毒攻毒的方法,让由浪人组成的新选组去对付关西浪人。京都人对松平容保的这一措施非常不满。尽管如此,鹰司辅熙对松平容保等幕府官员实施的广开言路措施非常满意。鹰司辅熙将此事禀奏给孝明天皇,孝明天皇开始信任德川幕府。之后,攘夷论在京都甚嚣尘上。松平容保主张仅开放横滨、长崎、函馆三个港口与外国人通商。松平容保在呈递给德川幕府的建议书中明确提出了这一点。之前,正亲町三条实爱、姊小路公知作为敕使东下关东之际,朝廷就讨论过仅向外国开放长崎、横滨、函馆三个港口。当时,三条实美也赞成这个意见。然而,时过境迁,三条实美开始主张攘夷论,并逼迫德川庆喜给出实施攘夷政策的具体时间。松平容保和松平春岳、山内容堂一起讨论攘夷问题,之后将攘夷的期限报告朝廷。在此期间,长州藩和浪人们的势力越来越大。幕府高层和会津藩对此情况颇感忧虑。

文久二年(1862年)七月二十三日,浪人们杀死了岛田左近,在四条将其枭首示众并公布其罪状。文久二年七月二十六日,浪人们在筑地下马牌张榜公布冈本氏、冈田氏等的罪状。文久二年九月二十三日,浪人们杀死京都町奉行的三名捕快,将其枭首并公布其罪状。文久二年十二月十二日,浪人们火烧江户御殿山外国公使馆。

文久三年(1863年),在京都以外的地方,浪人们杀人放火的事件开始多起来。在江户,浪人们恐吓富豪,敲诈勒索。在土佐藩,浪人们于文久三年四月斩杀参政吉田东洋、市元源介。在赤穗藩,藩士西川辨吉等十三人斩杀村上新助等。文久三年四月二十二日,壬生藩十六个藩士杀害了家臣鸟居志摩,并逼迫家臣鸟居千叶之助自杀。日本到处都是血雨腥风。文久三年一月十三日,长州藩和土佐藩的两个藩士计划袭击横滨的外国人,结果以失败告终。此外,大和五条发生暴乱,但马生野发生内讧。浪人们或者藩士们的行动有的失败了,有的成功了,一群倒下了,另一群又起来,此起彼伏。水户藩和萨摩藩

山内丰范

的浪人们在关东和关西失败后，长州藩和土佐藩的浪人们计划在江户举事。山内丰范娶了毛利敬亲的养女俊姬为妻，所以土佐藩和长州藩的关系越来越亲密，两个藩国之间频繁往来。正亲町三条实爱、姊小路公知作为敕使东下江户时，是山内丰范护送的。当时，毛利元德在江户和山内丰范的父亲山内容堂过从甚密，长州藩藩士和土佐藩藩士也经常往来，游说德川幕府执行朝廷敕令。

由于种种原因，德川幕府无法满足志士们的要求。此后，萨摩藩爆发了生麦事件，这表明萨摩藩藩士已经开始采取攘夷的实际行动。长州藩藩士大和弥八郎、久坂玄瑞等十一人不甘落后，计划袭击横滨，斩杀外国人。萨摩藩藩士高崎五六获悉这一消息后非常担忧，告诉了山内容堂，让他想办法阻止。山内容堂闻报大吃一惊，将此事告诉正亲町三条实爱和姊小路公知及毛利元德。正亲町三条实爱和姊小路公知写信给久坂玄瑞，并通过江户的长州藩藩邸将信转交给久坂玄瑞。毛利元德听说此事后也大吃一惊，思忖道："现在，敕使正亲町三条实爱和姊小路公知已经来到江户，正要给幕府下达敕令。在这个时候，如果长州藩无端生事，我有何面目面对天下？"于是，毛利元德赶紧召集家臣们商议对策。当时，土佐藩的小南五郎也在场。毛利元德让家臣们前去阻止。此时，久坂玄瑞等十一人已经前往横滨。毛利元德让宍户玑等先去横滨镇压这十一人，自己随后骑马赶到。当时，幕府戒备森严，久坂玄瑞等十一人无法下手。宍户玑等赶到横滨，传达毛利元德的命令，让他们停止行动。久坂玄瑞等十一人听从命令，返回江户。当毛利元德来到蒲田时，宍户玑等汇报说："我们已经阻止了久坂玄瑞等的行动。"过了一会儿，毛利元德将久坂玄瑞等十一人叫到梅林，当面训斥。久坂玄瑞等十一人见毛利元德没有重罚自己，而是让自己闭门思过七天，感激涕零。这时，毛利登人、周布政之助也赶到了。周布政之助因为大骂山内容堂，土佐藩的人群情激奋。土佐藩和萨摩藩之间眼看就要发生冲突，但最终双方互相克制，周布政之助暂时隐退，事情才告一段落。后来，周布政之助改名为麻田公辅，继续参与长州藩的藩政。文久三年（1863年）是多事之秋，各藩的浪士们非常活跃；京都进行了朝政改革；京都、大阪、江户暗杀事件不断。

第 5 章

尊王攘夷派受挫

第1节　幕府答复限期攘夷及德川家茂上京

文久三年（1863年）二月十一日，尊王攘夷派的急先锋久坂玄瑞、寺岛忠三郎等来到关白鹰司辅熙的府邸，建议鹰司辅熙广开言路，重用人才，将攘夷定为国策。久坂玄瑞等威胁说："如果关白大人不采纳这些建议，我们就绝食而死。"鹰司辅熙被逼无奈，只好答应采纳久坂玄瑞等提出的建议。久坂玄瑞等还未离开鹰司辅熙的府邸时，大纳言三条实德、姊小路公知等也来到鹰司辅熙的府邸，敦促鹰司辅熙采纳久坂玄瑞等的建议并付诸实施。鹰司辅熙入宫禀奏孝明天皇。孝明天皇召集公卿们进宫讨论久坂玄瑞等提出的建议。文久三年二月十一日夜，孝明天皇派三条实美等到德川庆喜下榻的京都本愿寺，敦促德川庆喜向朝廷提交攘夷的时间。德川庆喜赶紧找来松平春岳、京都守护松平容保等商议对策，但由于事关重大，他们无法当即做出决定，一直讨论到文久三年二月十二日天亮才商量好对策。文久三年二月十四日，德川庆喜、松平春岳、松平容保、山内容堂四人联名就攘夷期限问题上书朝廷："不日征夷大将军要上京拜谒天皇陛下，在京都逗留十日。征夷大将军回到江户之后二十天内就攘夷事宜做出最后答复。"由于事关重大，在征夷大将军德川家茂上京拜见孝明天皇之前，德川庆喜、松平春岳无法决定什么时候开始攘夷。其实，早在文久三年正月二十一日，长州藩就上书朝廷，建议督促德川幕府确定攘夷的准确时间。文久三年（1863年）二月十八日，朝廷宣德川庆喜、尾张藩藩主德川庆胜、毛利元德、蜂须贺齐裕、松平庆伦、池田庆德、松平春岳、松平容保等入朝觐见孝明天皇。鹰司辅熙宣读圣旨时，再次督促德川幕府早日确定攘夷的时间。

浪人听说朝廷督促德川幕府攘夷之后，更加嚣张，杀人放火，无恶不作。浪人和公卿关系密切，背后还有强藩支持。幕府高层觉察到这一点之后，主张将整肃浪人的责任推给朝廷。于是，松平春岳写信给鹰司辅熙说："朝廷下诏攘夷，浪人纷纷表示拥护。因此，朝廷应该因势利导，约束浪人，让他们为国效忠。"建议由朝廷来管束浪人。然而，鹰司辅熙在给松平春岳的回信中，命令德川幕府对浪人采取措施。松平春岳给鹰司辅熙回信说："如果朝廷把管束浪人的任务交给幕府，这对于幕府来说易如反掌。不过，条件是传奏向幕府传达朝廷的正式命令。否则幕府会重演安政大狱的悲剧。"

文久三年二月十九日，德川庆喜、松平春岳、松平容保、山内容堂等再次碰头，讨论时事问题，说道："当下的弊端在于朝廷和幕府都发布政令，让人无所适从。当务之急是要就下面这个根本问题做出抉择——要么幕府把政权归还给朝廷，要么朝廷把政权委托给幕府。"文久三年二月十九日晚上，德川庆喜和松平春岳拜访久迩宫朝彦亲王，讲了统一政令的问题。久迩宫朝彦亲王也认为德川庆喜和松平春岳说得有道理，约好于文久三年二月二十日和德川庆喜、松平春岳、近卫忠熙在鹰司辅熙的府中商议此事。文久三年二月二十一日，德川庆喜再次敦促鹰司辅熙讨论统一政令的问题，并要求和他一起进宫奏明孝明天皇。鹰司辅熙以有事为由拒绝了德川庆喜的这一要求。在一些浪人砍掉室町幕府第三代征夷大将军足利义满塑像的头部之后，德川幕府忍无可忍，开始搜捕浪人。长州藩上书德川幕府，请求赦免做这件事情的浪人。松平容保没有答应长州藩的请求，最终惩处了砍掉足利义满头像的浪人。直到这时，松平春岳才意识到事态的发展与自己的设想完全不同，就算德川家茂上京也于事无补。文久三年三月四日，德川家茂入京。松平春岳到大津迎接德川家茂，对他说："您进宫之后，即便朝廷下达攘夷的诏令，也不要轻易答应。您就和天皇陛下说，'如果不加强武备，是无法攘夷的'。如果天皇陛下强行让您攘夷，您就辞去征夷大将军一职。"跟随德川家茂一起来京都的幕府官员听了松平春岳这番话，十分不悦，反驳说："我们千辛万苦筹备将军上京一事，其目的就是遵照朝廷的旨意实施攘夷。总裁大人为什么劝将军辞职呢？"由于大多数人对松平春岳的建议持反对态度，德川家茂最终没有采纳松平春岳的建议。

文久三年（1863年）三月七日，德川家茂入宫，接受攘夷的敕令。至此，松平春岳已经不知所措。从文久三年三月九日起，松平春岳称病，闭门不出。孝明天皇去加茂神社参拜，松平春岳也没有跟着去。文久三年三月十日，松平春岳请求辞去政务总裁一职。德川庆喜说："我打算遵奉圣旨实施攘夷，要想攘夷成功，还需要你协助我。我还没有将此事上奏天皇陛下，你就要辞职。你这样做不合适。"孝明天皇也不批准松平春岳辞职。有的浪人打算袭击松平春岳下榻之处，有的浪人在松平春岳下榻之处的附近贴纸，写道："我要砍你的头。"有的浪人到松平春岳的门前高声辱骂。攘夷的期限迫近，朝廷督促得越来越迫切。外事活动也越来越频繁。在这种情况下，各藩国藩士、浪人对德川幕府的有司口出不逊，甚至实施暴力袭击，敦促德川幕府早日攘夷。德川幕府的态度迟疑不决。很多幕府官员也对德川幕府不满，不等上级允许，就擅自离职，离开京都回到自己的藩国。岛津久光对松平春岳和山内容堂说："众所周知，唯今之计除门户开放之外别无他法。我们应该在京都为此事奔走。"松平春岳认为这个办法可行。然而，德川庆喜认为如果主张门户开放，德川幕府的政权就危险了，没有采纳这个建议。这样一来，松平春岳不知所措，最终不经德川幕府和朝廷的允许就辞职回到了自己的藩国。由此可知，当时德川幕府的处境非常艰难。

德川庆喜进宫禀奏孝明天皇说："政令不统一会导致国内大乱，希望朝廷将庶政交给幕府处理。"于是，孝明天皇颁发圣旨，将政务委托给德川幕府。然而，这道圣旨名不副实，实际上朝廷并未将大权完全委托给德川幕府。自德川幕府创立以来，德川氏就掌握了日本的政权、兵权，并通过法律的形式明确规定了这一点。将政权、兵权委托给德川幕府并非朝廷情愿做的事情，而是实力说了算。德川幕府依靠朝廷颁发圣旨确认自己拥有政权和军权，这说明德川幕府已经濒临衰亡了。如果德川幕府没有实力，即便有千万道朝廷委托大权的圣旨，德川幕府也无法行使权力。换言之，这样的圣旨是没有意义的，德川幕府衰相毕现，朝廷已经不把德川幕府放在眼里。于是，德川家茂想早日回到江户。他再三奏请孝明天皇，表示自己想回江户，但孝明天皇一再挽留。与此同时，反对德川幕府的势力正在紧锣密鼓地实施打倒幕府的计划。

当时，主张门户开放的日本人也有不少，他们的出发点主要有两点：其一，日本开放港口对世界各国的交通、交流有利，并且门户开放是不可逆转的世界大势，应该积极开放港口；其二，在外国的武力压迫下，不得已先暂时开放港口，在此期间，积极发展军事力量，最终将外国势力赶出日本。当时日本倡导攘夷论的人虽然占优势，但观点各不相同，具体来说，主要有以下四种：

第一，有的日本人认为外国人是夷狄禽兽，让外国人踏上日本的土地就是对神国日本的玷污。这类人的观点最冥顽不化。

第二，外国人强烈要求日本与外国交往和通商，其目的是吞并日本。君子要远离危险。因此，不如一开始就拒绝和外国人交往。

第三，有的日本人认为与外国人交往是不可避免的。为了给自己讨厌的德川幕府出难题，主张攘夷是最好的办法。

第四，有的攘夷论者无法判断与外国人交往是对是错，但看到孝明天皇和朝廷主张攘夷，于是也主张攘夷。

攘夷论的内涵因时代不同而发生变化。因此，很难分清楚人们属于哪一类攘夷论者。总而言之，因为孝明天皇不希望日本和外国人交往，世人便认为攘夷就是勤王，而主张门户开放就不是勤王。世人把勤王攘夷作为自己的行动目标。这一想法导致世人开始反对德川幕府。

松平春岳等跟随德川家茂进宫参见孝明天皇，对孝明天皇将政权委托给德川幕府表示感谢。孝明天皇向德川家茂做出了下述指示："幕府要担起攘夷的重担，处理国事之际要向各藩国咨询。"由此看出，德川幕府已经无法像以前那样独断专行了。幕府高层无法接受这一点。德川庆喜立即写信给鹰司辅熙，询问孝明天皇所说的"国事"具体指什么。德川家茂拿出六万三千两黄金赈济京都市民，形势变化很快，幕府内部分为将军派和"后见"派及监护人德川庆喜派，三派激烈斗争，反目成仇。此时，倒幕派也在加紧实施推翻幕府政权的计划。厄运正在一步步接近德川家茂。据说德川家茂在上京之际，怀揣一把短刀，假如身陷绝境就自杀。

第2节 天皇行幸与幕府决定攘夷期限

文久三年（1863年）正月二十一日，长州藩嗣子毛利元德上书说："加茂神社距离皇宫最近，天皇陛下应该提高加茂神社的规格，行幸加茂神社，祈祷国家和皇室的安泰。"此前，孝明天皇派使者到神社奉币，祈祷攘夷成功。内忧外患频仍之际，孝明天皇行幸距离皇宫最近的加茂神社是朝廷的一项重要措施。毛利元德在建议书中指出，孝明天皇行幸加茂神社是朝廷讨论御驾亲征攘夷的前提。因此，长州藩游说公卿们，力争促成此事。文久三年三月三日，孝明天皇下令行幸加茂神社，三条实美负责整体的行程安排，长州藩负责保卫工作。文久三年三月十一日，孝明天皇一行来到加茂神社。鹰司辅熙、右大臣二条齐敬等二十多个朝臣和德川家茂、德川庆喜、德川庆笃、蜂须贺齐裕、山内容堂、伊达宗城、幕府老中们都身着盛装，陪着孝明天皇行幸加茂神社。京都市民在沿路跪拜，场面壮观。

松平春岳意识到："世道艰难，京都形势对幕府越来越不利，公武合体无望实现。"于是，松平春岳递交辞呈，辞去政务总裁一职。朝廷和德川幕府都不同意松平春岳辞职。当时，德川幕府为处理生麦事件和英国进行交涉，进展很不顺利，德川幕府焦头烂额。在生麦事件后，岛津久光意识到攘夷是不可行的，打算为朝廷和德川幕府调和，上京向松平春岳陈述自己的看法。然而，松平春岳认为岛津久光的调和是徒劳的，没有见岛津久光，也不等朝廷批准自己辞职的请求，就于文久三年三月二十一日悄悄离开京都回福井藩了。德川幕府听说此事之后，认为松平春岳我行我素，不尊重幕府，命令松平春岳闭门思过。之后，松平春岳在朝廷、幕府和有志之士中失去了威信。本来，主张德川家茂上京的就是长州藩和松平春岳。长州藩和松平春岳虽然都主张德川家茂上京，但目的完全相反。松平春岳发现德川家茂上京之后并未采纳自己的建议，就请求辞去政务总裁一职，这一做法本身就是不负责任的。不仅如此，松平春岳曾经数次约岛津久光见面。岛津久光到京都拜访松平春岳时，松平春岳却悄悄溜出京都，不见岛津久光。松平春岳的所作所为自然会令自己失去威望。松平春岳虽然为人忠诚，心地善良，是个好人，但缺乏深谋远虑，没有能力处理朝廷和德川幕府盘根错节的关系。松平春岳手下的能臣桥本左内等已经作古，身边还有中根雪江，但中根雪江能力平平，只不过是一个忠实的秘书。松平春岳的门客横井小楠虽然有远见卓识，但处理实际事务的能力不强。这些人都帮不上松平春岳。

文久三年（1863年）四月五日，孝明天皇提出要行幸男山。其实，孝明天皇是在长州藩的建议下做出这一决定的。长州藩在建议书中称这一举措为"御驾亲征"，实际上长州藩在策划讨伐德川幕府。孝明天皇每次行幸，长州藩都建议各藩国的藩主陪伴，实际上长州藩想借此开展讨伐德川幕府的演习。后来孝明天皇行幸大和、参拜伊势神宫都是在长州藩的建议下实施的。文久三年二月二十八日，长州藩上书建议孝明天皇行幸男山，并建议朝廷设立亲兵。陪伴孝明天皇行幸男山的臣僚和陪伴孝明天皇行幸加茂神社的臣僚相同，其中公卿有鹰司辅熙等二十人，幕府方面有将军德川家茂、德川庆喜、毛利氏及其他十三个藩国的藩主及陪臣。没有陪同孝明天皇行幸男山的大名有德川庆胜和松平容保。松平容保因为父亲松平义建亡故办丧事而没有陪伴孝明天皇行幸。孝明天皇行幸男山时，由新招募的亲兵负责护卫，亲兵总督三条实美亲自指挥。朝廷命令各藩国出兵护卫公卿们。

在行幸男山之际，孝明天皇亲自向神明祈祷攘夷，还在庙前将攘夷的节刀[①]授予德川家茂。德川家茂接过了节刀，这给幕府重臣带来了巨大的烦恼。

[①] 节刀，是日本历史上天皇赐予出征大将或者遣唐使的带有任命标志的大刀。

文久三年（1863年）四月十日，朝廷下令德川幕府禁止外国人滞留日本。当时，德川幕府正在和英国谈判生麦事件的相关事宜，进展不顺，还没有谈出结果。幕府重臣接到朝廷的上述命令后吃惊非小。长崎的镇台黑田氏、锅岛氏、大村氏回到了各自的藩国，着手驱逐留在长崎的外国人。黑田氏、锅岛氏、大村氏分别告诫自己的家臣、藩士要做好与外国开战的心理准备。老中小笠原长行接到拒绝与外国人谈判的命令之后，回到江户汇报京都的形势。留守江户的各藩执政听完小笠原长行讲述的京都形势后，都感到胆寒。

文久三年四月十一日，德川家茂患病，不再陪孝明天皇行幸男山，让德川庆喜替自己接受朝廷的命令。之后，孝明天皇回到了皇宫。此后，形势急转直下，有志之士公然辱骂德川幕府。德川幕府认为长州藩建议孝明天皇行幸男山属于胁迫孝明天皇亲征幕府的暴举，与长州藩的矛盾越来越尖锐。德川幕府的权威每况愈下。坊间传言中山忠光对孝明天皇厚待德川家茂十分不满，纠集浪人要在半途截杀德川家茂。孝明天皇对中山忠光的无礼之举感到十分不快。德川庆喜因为一连几天没有睡好觉，疲惫不堪，感觉身体不适，暂时在民宅休息。在孝明天皇行幸石清水八幡宫之后，尊王攘夷派的势力越来越大。文久三年四月十七日，尊王攘夷派的浪人在三条桥边张榜，上写："幕府将军和德川庆喜都在欺骗天皇陛下，幕府将军要遭天谴。"

在这种形势下，德川幕府只得自欺欺人，向朝廷上奏攘夷的期限为文久三年五月十日。于是，朝廷颁布限期攘夷令。德川幕府则下令大名："奉朝廷之命，定于文久三年五月十日攘夷。"

文久三年三月二十二日，德川幕府命水户藩藩主德川庆笃代表德川家茂，带着小笠原长行回到江户与外国人谈判，声明让外国人离开日本。结果，德川幕府的这一举措以失败告终。在朝廷决定了攘夷的期限后，德川庆喜于文久三年四月十八日东下，代表德川家茂与外国人谈判让其离开日本的事宜。德川庆喜在离开京都之际，写信给鹰司辅熙说："主张攘夷的人无论如何宣扬攘夷，其实都是孤陋寡闻和不负责任的行为。无论攘夷的激进派如何催促，外交上的问题都绝非仅仅根据国内的情况就能解决的。"德川庆喜向尊王攘夷派的首领三条氏和姊小路公知介绍了外交的实际情况,以期他们不要过于激进。然而,三条氏等明明知道攘夷一事说起来容易做起来难,为什么还要坚持激进的观点?原因有两个:其一,为了难为德川幕府,明明知道不可行而硬要坚持攘夷;其二,三条氏等尽管不太了解外交上的事情,但认为以负责任的态度与德川幕府站在同样的立场上,对自己不利。

长州藩藩主毛利敬亲非常狡猾,并未从朝廷接受攘夷的任务。文久三年(1863年)四月二十一日,德川庆喜被免去了将军监护人一职。德川庆喜和德川庆笃一起回江户,与外国人交涉让其离开日本事宜。说实话,德川庆喜对与外国人的交涉能否成功没有一点胜算。尽管如此,德川庆喜非常清楚逗留京都对自己和幕府没有任何好处,不如趁此机会回到江户。于是,朝廷任命德川庆胜为德川家茂的助手,任命松平闲叟为文武总裁,任命酒井忠绩为大老。文久三年四月二十一日,德川家茂离开京都,带着幕府重臣参拜石清水八幡宫。德川家茂参拜石清水八幡宫的原因如下:其一,德川家茂之前患病,没有陪孝明天皇参拜石清水八幡宫,引起了非议,所以要予以弥补;其二,八幡神是源氏的氏神,德川家茂尊崇源氏。之后,德川家茂到了大阪城。文久三年四月二十二日,德川庆喜离开京都回江户。

文久三年四月二十三日,德川家茂从难波桥乘军舰巡视西宫、兵库、备前后,进入纪伊藩,抵达加太浦,巡视沿岸。当时海风很大,德川家茂吃了不少苦。德川家茂巡视的目的是检查海防设施是否完善,当时日本的炮台非常简陋,根本无法抵御外来侵略。德川家茂命胜海舟在淡路等地用石垒筑炮台。文久三年四月二十三日,姊小路公知离开京都前往大阪,和德川家茂一起巡视海防设施。胜海舟陪着德川家茂和姊小路公知巡视,一路上仔细讲解,姊小路公知受益匪浅。文久三年五月十一日,德川家茂回到京都,向朝廷禀奏了视察海防设施的情况。

此时,小笠原长行正在和英国人交涉生麦事件。小笠原长行写信给鹰司辅熙说:"英国人态度强硬,如果不给个交代,恐怕无法收场。唯今之计,只能先按照英国人的要求,赔偿一些金钱,而后再和英国人谈判与英国断交的问题。"鹰司辅熙在将小笠原长行的建议禀奏给孝明天皇的同时，召集朝臣们开会。在会上，鹰司辅熙给朝臣们看了小笠原长行的书信，让他们讨论。三条实美指出："幕府在与外国人交涉时不遵守天皇陛下的命令，蔑视朝廷。如果朝廷对幕府的这一做法不闻不问，幕府必然以为朝中无人，蔑视朝廷权威。"于是，鹰司辅熙写信谴责德川幕府。对此，德川幕府向朝廷汇报说："幕府决定不给英国人赔款。"然而，德川幕府向英国人支付了赔款，把罪责推到小笠原长行身上，说小笠原长行独断专行决定向英国人支付赔款。朝臣们看到德川幕府的报告后非常愤怒，严厉谴责德川幕府。德川幕府慌了神。德川庆喜对老中们说："如果你们不遵照朝廷旨意攘夷，那么幕府的处境就会很危险。"文久三年（1863年）五月十九日，小笠原长行率兵沿海路西上。

文久三年五月二十日，姊小路公知在退朝回家的路上，在朔平门外被萨摩藩藩士田中新兵卫等暗杀了。萨摩藩和长州藩有矛盾，姊小路公知成为这一矛盾的牺牲品。文久三年五月二十一日晚上，三条实美收到了恐吓信。这两件事情是有联系的。田中新兵卫等暗杀姊小路公知是在为大原重德报仇。此后，朝廷为公卿们配了亲兵，以保护他们的安全。不仅如此，朝廷还禁止萨摩藩的人进入京都九门内，岛津氏也被免去了乾门守卫一职。朝廷严令松平容保加强对浪人的管理。当时，长州藩在京都的势力最大。岛津久光和萨摩藩藩主岛津忠义都回到了萨摩藩，萨摩藩的重臣们也都离开京都回到萨摩藩。留守京都的萨摩藩人士中，激进的浪人很多。这些激进的萨摩藩浪人和少壮派公卿串通一气，排挤其他势力。久迩宫朝彦亲王、近卫忠熙和萨摩藩关系密切，自然和萨摩藩的浪人都有来往。久迩宫朝彦亲王为了避嫌，采取了拱手旁观的态度。久迩宫朝彦亲王曾经奏请朝廷做攘夷的先锋，却没有获得批准。

第3节 长州藩实施攘夷及守卫宫门

德川幕府答应朝廷攘夷的期限为文久三年五月十日。毛利敬亲是攘夷激进派的首领，文久三年五月十日以后，长州藩开始向航行在关门海峡的外国船开炮,并将长州藩内的外国人赶走。朝廷认为长州藩率先在日本实施攘夷政策,功勋卓著。因此,朝廷任命三条公董为观察使,让其带着亲兵到长州藩嘉奖长州藩的攘夷之功。与此同时,朝廷下令留守京都的各藩负责人相互合作,共建攘夷奇功。

文久三年(1863年)六月,坊间传言小笠原长行要来京都。水户藩藩士梅泽孙太郎等和朝臣们都憎恶小笠原长行,企图阻止小笠原长行上京。德川家茂也写信禁止小笠原长行上京。文久三年六月九日,德川家茂奏请朝廷,表示打算亲自处理小笠原长行。之后,德川家茂离开京都前往大阪。文久三年六月十日,德川家茂罢免了小笠原长行的老中一职,将其关押在大阪。文久三年六月十一日,德川家茂罢免了牧野忠恭的大阪所司代一职,任命稻叶正邦为京都所司代。文久三年六月十三日,德川家茂离开大阪,从海路回江户。此后,尊王攘夷派更是肆无忌惮,加紧推行攘夷和倒幕计划。

文久三年七月,朝廷设立沿海观察使,由东园基敬任这一职位。朝廷派东园基敬到纪伊、播磨等地,加强军备,如果外国船来到这里,就进行炮轰。这时,鸟取藩在明石浦炮轰外国船。德川幕府下令在实施攘夷政策之际,严禁随意炮轰外国船。尊王攘夷派的公卿和浪人们认为德川幕府因循守旧,对德川幕府十分不满。于是,尊王攘夷派讨论采用"明修栈道,暗度陈仓"的办法,打着孝明天皇亲征攘夷的旗号,兴师讨幕。文久二年(1862年),长州藩的浪人在寺田屋制订了讨幕计划,结果被萨摩藩和新选组破坏了。当时的漏网之鱼真木保臣等来到京都。在真木保臣的参与下,讨幕计划逐渐成熟。松平春岳来到京都,想从中调解。然而,浪人们认为松平春岳是门户开放派,对松平春岳深恶痛绝,火烧了松平春岳下榻的高台寺,并在三条桥畔、大津等地张榜恐吓松平春岳。不仅如此,浪人们还打算杀死主张门户开放的佐久间象山等,在西本愿寺放火,威胁松平春岳。主张孝明天皇亲征攘夷的也是长州藩。文久三年四月十六日,毛利元德上书朝廷,建议孝明天皇亲征攘夷。毛利元德的建议书主要以真木保臣写给自己的信为基础。当时真木保臣的观点过于激进。毛利元德上京之后修改了其中的部分内容。

佐久间象山

当时在京都的势力有长州藩、鸟取藩、冈山藩、米泽藩的家臣们和藩士们。这些人都属于尊王攘夷派，如果孝明天皇下令，他们甘愿冒着危险东下，让德川幕府遵奉孝明天皇的命令。如果敌不过德川幕府，这些人就打算让孝明天皇亲征，逼迫德川幕府就范。由此可见，尊王攘夷派激进分子的目的不是让孝明天皇亲征，和外国人作战，而是打着尊王攘夷的旗号讨幕。

文久三年（1863年）六月七日，朝廷设置了亲兵，下令各地大名选择精兵强将做朝廷的亲兵，守卫京都的九个城门。文久三年七月十八日，以鹰司辅熙为首的五个朝臣和长州藩的益田弹正等见面，讨论孝明天皇御驾亲征一事。由于形势紧张，这一天，朝廷命三条实美加强了宫门和京都九个城门的守卫。由此可见，朝廷的尊王攘夷派做了充分的准备。

第4节　行幸大和与密谋讨幕

德川幕府意识到攘夷行不通，就想方设法让朝廷收回成命或者尽量避免明确实施攘夷政策的日期。为此，德川幕府绞尽脑汁。然而，朝廷逼迫甚急，德川幕府迫不得已，确定了与外国断交的日期。长州藩炮轰外国船，将攘夷政策落到了实处。另外，德川幕府极力反对朝廷设立亲兵，但尊王攘夷派势力强大，德川幕府只能默认朝廷的做法。尊王攘夷派的计划一步步获得成功。然而，尊王攘夷派意识到："尽管幕府已经失去了权力，但只要幕府存在下去，尊王攘夷派还是无法达到最终目的，必须进一步打倒幕府。"于是，尊王攘夷派策划让孝明天皇行幸大和并亲征攘夷。浪人的活动越来越频繁。山田亦助等浪人拜访东久世氏等公卿，益田弹正等浪人和鸟取、阿波、冈山、水户四藩的藩士和家臣见面，还拜访了大纳言德大寺氏。真木保臣也拜访了鸟取藩藩主。久坂玄瑞、中村九郎等都主张孝明天皇亲征攘夷，京都的尊王攘夷派对孝明天皇亲征是否可行议论纷纷，莫衷一是。真木保臣、木户孝允、久坂玄瑞等都在京都学习院供职，掌握着实权。文久三年（1863年）八月十三日，他们做出了支持孝明天皇行幸大和的决定。真木保臣、久坂玄瑞等都是尊王攘夷的激进派，打算打着孝明天皇行幸大和的旗号，出兵关东，打倒幕府。为此，久坂玄瑞等还计划杀死前关白九条尚忠和前京都所司代酒井忠义来祭旗。

孝明天皇既不想亲征攘夷，也不想亲征讨幕。而尊王攘夷的激进派真木保臣、久坂玄瑞等在决定了让孝明天皇行幸大和之后，认为孝明天皇有意借行幸大和之机亲征讨幕。也正是因为真木保臣、久坂玄瑞等相信孝明天皇有意讨幕，这才决定让孝明天皇行幸大和。真木保臣和久坂玄瑞坚信只要孝明天皇一出动，天下大势就可以定了。其他的尊王攘夷激进派成员则主张如果孝明天皇亲征讨幕失败，就让孝明天皇到长州藩避难。

文久三年八月十三日，孝明天皇命各藩国选择藩士陪自己行幸大和。三条实美、东久世氏、万里小路氏等公卿和各藩藩士商议孝明天皇行幸大和时的保卫、食宿、一路上的花销、京都兵力的调用、负责监国的人选等事宜。长州藩率先献上一万两黄金做军费。之后，朝廷向各藩国摊派军费，每个藩国出十万两黄金。此外，朝廷命在京都的大名护驾。文久三年（1863年）八月十五日，朝廷敦促在各自藩国的大名上京，又下令大和的大名筹备迎接孝明天皇一行。朝廷确定了陪同孝明天皇行幸大和的公卿，有鹰司辅熙、左大臣、右大臣、大纳言一条忠香等数十人，还有内侍等。孝明天皇又让武家传奏下令由长州藩毛利氏负责向加贺藩、肥后藩、萨摩藩、久留米藩、土佐藩等筹集十万两黄金用作行幸、亲征军费及路上的各种花销。一切准备工作就绪后，孝明天皇决定于文久三年八月二十七日动身行幸大和。之后，公卿、大名、各藩藩士就孝明天皇御驾亲征是否合适展开了激烈的争论。文久三年八月十七日夜，留守京都的鸟取藩的尊王攘夷激进派吉田直人等二十二人袭击了同藩的尊王攘夷温和派高津省己等，并将自己起草的宣言呈递给鹰司辅熙，大意是："我等坚决主张尊王攘夷，而高津省己等态度不明朗，阻碍鸟取藩藩主做决断，所以我等将高津省己等斩杀，以期向天下人表明我等尊王攘夷的决心。"由此可见，当时藩士们的言行越来越激进。各藩国的志士们谋划即日起兵讨伐幕府。

第5节 文久三年八月十八日的政变

在内忧外患之下，各藩国藩士、浪人中的少壮派势力越来越大。老成温和派的意见不被采纳。不仅如此，即便是高贵的皇室成员，如果观点温和，也会被少壮派视作绊脚石。一些公卿和大名的重臣因为观点温和，经常受到少壮派的恐吓。对此，孝明天皇颇感忧虑。真木保臣是尊王攘夷激进派人物，他言辞过激，叫嚣："我们要倡导大义名分，幕府夺取了皇室的政权，是日本的国贼。我们必须早日让幕府将政权还给皇室。"久坂玄瑞、宫部鼎藏等尊王攘夷激进派人物赞同真木保臣的主张，观察国内和国际形势，打算有所行动。公卿三条实美等血气方刚，做起事来拼劲十足，只知进不知退，排斥异己，缺乏包容持不同意见者的雅量。因此，三条实美等的做事风格也带来了不少弊端，具有远见卓识的人对他们失去了信心。最终，三条实美等经历了挫折。

稻叶正邦

文久三年（1863年）八月十七日，久迩宫朝彦亲王突然进宫向孝明天皇禀奏了一些事情。本来，孝明天皇就不大情愿行幸大和，此时立刻下令朝臣们中止行幸大和。久迩宫朝彦亲王命令松平容保、京都所司代稻叶正邦于文久三年八月十七日子时半刻进宫，严密把守宫阙。与此同时，久迩宫朝彦亲王向萨摩藩传达了相同的命令。于是，岛津忠义、松平容保和稻叶正邦身着戎装，带着部队入宫了。叶室长顺传达朝廷命令，关闭了唐门等九个城门，部署完毕以后，已经破晓。接着，一声大炮响过之后，卫士们都已经就位。没有孝明天皇的命令，公卿们也不能入内。孝明天皇、久迩宫朝彦亲王、近卫忠熙父子、二条齐敬、内大臣德大寺氏等召开了御前会议。久迩宫朝彦亲王说：

> 议奏、参议等相信长州藩藩士、浪人的激进言论，违背天皇陛下的意愿，要采取大规模行动。这些人简直无法无天，威逼天皇陛下行幸大和，借此机会讨伐幕府。这些人都是逆贼。今后，禁止三条实美等外出及与他人会面，免去其议奏等职务，任命中山忠能等为议奏。

之后，朝廷将这一决定告知在京都的大名。此外，朝廷命令驻扎在京都堺町门的长州藩守卫队撤走。长州藩守卫队队长益田右卫门拒绝执行朝廷的这一命令，整顿队伍，一步也不离开堺町门。萨摩藩的部队在堺町门上架上大炮，将炮口对准长州藩守卫队，准备随时开炮。两军剑拔弩张，眼看就要发生血战。久迩宫朝彦亲王、鹰司辅熙等随着孝明天皇的车驾来到庭前。彦根藩藩主等纷纷主张孝明天皇离开皇宫。高松藩藩主松平赖聪负责守卫孝明天皇的车驾，不同意孝明天皇离开皇宫。德川庆喜也持相同意见。最终，孝明天皇决定不离开皇宫。公卿、大名、市民、浪人东奔西跑，乱作一团。于是，京都町奉行张榜安民："不要轻信坊间流言蜚语，紧守家门，小心盗贼、火灾。"

此时，长州藩一派的公卿、藩士、浪人都聚在鹰司辅熙的府邸。朝廷派大纳言柳原光爱为敕使，到鹰司辅熙的府邸宣旨：

> 行幸大和之事内藏讨幕阴谋，现予以中止。迄今为止，长州藩为朝廷尽力，忠心可嘉。对藩士、浪人好言安慰，让他们今后不得再肆意行事，凡事听从朝廷命令。

长州藩藩士对此十分愤慨，不知所措。之后，长州藩藩士上书朝廷，要求收回成命。三条实美等公卿也对朝廷的命令感到困惑，上书申辩。鹰司辅熙派手下召集在京都的大名在自己府邸开会。蜂须贺茂韶等到场，商议对策。三条实美也来参会，诉说了自己的冤情。之后，鹰司辅熙被宣入宫，他上奏孝明天皇说：

> 三条实美忠诚可嘉，他虽然是尊王攘夷的激进派，但并无恶意。我希望天皇陛下当面斥责他几句就可以了，不必采取其他的惩罚措施。长州藩守卫队不愿离开堺町门，不遵朝命。我认为应该下旨安慰长州藩藩士，劝他们退去。

长州藩藩士都扼腕愤慨地说：

> 直到昨天，长州藩是最受天皇陛下厚待的藩国。然而，奸佞之臣在天皇陛下面前进长州藩的谗言，长州藩失去了天皇陛下的信任。我们一定要清君侧。

益田右卫门劝说这些人不要莽撞行事，但没有人听。这时，三条实美、真木保臣、宫部鼎藏等聚在一起商议对策，都认为：

> 长州藩守卫队在这里时间久了会惹是生非。不如我们带着队伍先撤到大佛妙法院去，然后再商量何去何从。

于是，益田右卫门等派人与萨摩藩的部队交涉，说道：

> 我们长州藩守卫队因为有其他公务，要撤到大佛。你们把炮口对准我们，我们无法撤退。希望你们后退，我们好离开这里。

萨摩藩的部队答应了这一要求。于是，长州藩撤走了在堺町门等处的守

东久世通禧

卫队。在京都的长州藩守卫队共计二千七百余人,被称为朝廷的亲兵。这些亲兵分别由三条实美、东久世通禧、三条西季知、壬生基修、锦小路赖德、泽宣嘉等公卿和长州藩藩士等率领,分为四队,井然有序地撤出京都,前往大佛妙法院。长州藩的朝廷亲兵撤到大佛妙法院之后,非常狼狈,混乱不堪。政变发生后,长州藩藩士和支持长州藩的公卿们没有选择带兵撤到京都的长州藩藩邸,而是撤到了大佛妙法院。原因如下:其一,大佛妙法院没有住人,地方开阔,能容纳很多士兵;其二,大佛妙法寺是土佐藩的馆驿,三条家族和土佐藩的山内家族联姻,关系密切。

公卿们和长州藩藩士将长州藩的朝廷亲兵分成五队,分别把守大佛妙法院的五处外门。到了晚上，公卿们和长州藩藩士开始商量今后的行动方针。真木保臣等主张：

> 京都地势平坦，不是用武之地，不如撤到河内，退守金刚山。早在元弘时期，楠木正成就率军驻守金刚山，克敌制胜。金刚山是兵家必争之地。文久三年（1863年）八月十七日，中山忠能的次子中山忠光在大和起兵，杀死了幕府的代官铃木源内。如果我们和中山忠光取得联系，必然能够克敌制胜。

而久坂玄瑞等主张：

> 摄津的摩耶山地势险峻，扼阴阳二道，是兵家必争的要害之地。如果我们镇守这里，发出檄文，关西大名必然纷纷响应。

吉川经干、毛利元纯、益田亲施等则主张带着众位公卿回长州藩准备攘夷。三条实美等七个公卿已经决定出奔。而公卿丰冈大藏与众人告别，回到自己家里闭门思过。长州藩藩士和三条实美等七个公卿离开了京都地界。文久三年八月十九日，朝廷派人追捕三条实美等七个公卿，却没有追上。在这次政变中，负责卫戍京都和守卫皇宫的都是支持德川幕府的藩国。事后有人指责说文久三年八月十八日的政变计划是萨摩藩等藩国及赞成公武合体的一派政治势力制订的，并非孝明天皇的想法。对此，朝廷颁布敕令说：

> 文久三年八月十八日的举措是根据天皇陛下的意愿实施的。一直以来，部分公卿和浪人过从甚密，京都的实权掌握在了浪人手中。浪人的言行粗暴，无法无天。今后禁止公卿与浪人来往。

文久三年八月二十五日，朝廷逮捕了支持长州藩的丰冈大藏、万里小路氏等公卿，向三条实美等逃走的七位公卿发出了通缉令。政变之后，松平容保、稻叶正邦就政变的经过和处理结果向德川幕府做了汇报。在这次政变中，尊王攘夷派中的激进分子以失败告终，公武合体派在朝廷中占了优势。

　　一直以来，水户藩就主张各藩国有权参与幕政。在水户藩鼎盛时期，德川齐昭在幕府中地位显赫。当时，德川齐昭的一言一行在日本全国产生了很大的反响。万延元年（1860年），井伊直弼和德川齐昭死后，政治中心从江户转移到京都，萨摩藩和长州藩开始在政治舞台上唱主角。然而，萨摩藩和长州藩互相猜忌，互相斗争。在樱田门外之变后，长州藩制订了航海通商方针。长州藩的长井雅乐等主张公武合体，并为促成此事四处奔走。这时，萨摩藩还没有制订方针计划。文久二年（1862年）四月，岛津久光离开萨摩藩，率兵东上，主张公武合体，并为此四下游说。长州藩也担心在政治话语权方面落在萨摩藩后面。于是，长州藩放弃了公武合体论和航海通商方针，另辟蹊径，主张尊王攘夷。长州藩主张的尊王攘夷很受当时浪人的欢迎。浪人中的激进派主张举兵讨伐德川幕府，并四下活动。岛津久光来到京都，得到了敕令，镇压浪人。寺田屋事件就是在岛津久光主导下发生的。因此，浪人对岛津久光恨得咬牙切齿。在寺田屋事件中遇难的大多是长州藩的志士们，这导致长州藩和萨摩藩关系紧张。其实，当时长州藩也接到了镇压浪人的敕令。按理说，长州藩应该和萨摩藩协商共同完成朝廷交给它们的使命。然而，长州藩没有这样做。岛津久光随着敕使大原重德到江户传达敕令时，毛利敬亲在前一天离开江户，走中仙道前往京都。很明显，毛利敬亲是在避免和岛津久光见面。岛津久光对毛利敬亲的这一做法非常不满，一直耿耿于怀。毛利敬亲在前往京都途中碰到了敕使正亲町三条实爱和姊小路公知，毛利敬亲又随他们东下江户。这是因为毛利敬亲不想让岛津久光独占功劳。而岛津久光认为自己和大原重德已经完成了朝廷的使命，正要回京都复命，朝廷再派敕使前往江户是没有必要的，对此十分不满。不仅如此，毛利敬亲奏请朝廷赦免在寺田屋事件中死去的志士们，厚葬这些志士，并得到了朝廷的批准。岛津久光认为毛利敬亲的这一行为等于否定了自己镇压浪人的正当性。岛津久光对此十分不满。大原重德擅自篡改敕令，缓和了朝廷和德川幕府的关系。岛津久光虽然和毛利元德见了一面，但只是走了一下形式，没有谈实际问题。

之后，岛津久光回到萨摩藩，为处理生麦事件而烦恼。长州藩在京都的势力越来越大。岛津久光一直主张公武合体，而今这一主张无法实现了。近卫忠熙与萨摩藩关系密切，而今近卫忠熙下台了。支持长州藩的公卿鹰司辅熙、三条实美等掌握了朝廷实权。姊小路公知遇害之后，萨摩藩的人被禁止进入皇宫。岛津久光颇感失意，指示萨摩藩藩士择机恢复势力。德川幕府把长州藩看作眼中钉、肉中刺，总想找机会压制长州藩。德川幕府、萨摩藩、长州藩是当时的三大势力，其中的任何两方合作就可以打倒第三方。在文久三年（1863年）八月十八日的政变中，德川幕府和萨摩藩联手打败了长州藩。在庆应末年，萨摩藩和长州藩联手打败了德川幕府。德川幕府和长州藩势不两立。萨摩藩居于中间，既可以旁观，也可以帮助其中一方。因此，萨摩藩的选择余地很大，既可以与长州藩为伍，也可以与德川幕府为伍，不会给萨摩藩带来厄运。

三条实美等少壮派公卿和长州藩及浪人联手之后，京都的舆论导向越来越倾向于激进的尊王攘夷论。文久三年正月，毛利敬亲回到长州藩。文久三年四月，毛利元德为了筹备攘夷事宜，也回到了长州藩。长州藩老成持重的家臣都离开京都回到长州藩。因此，浪人掌握了京都的舆论导向，观点越来越激进。孝明天皇虽然很讨厌外国人，但并不憎恨德川幕府。看到舆论有尊王倒幕的趋势，孝明天皇忧心忡忡。文久三年四月二十三日，孝明天皇给久迩宫朝彦亲王下达手谕：

> 朕行幸石清水八幡宫等是因为激进派公卿们要求朕这样做。御驾亲征也不是朕的本意。你速召岛津久光进宫商量此事，早日把浪人的激进言论压下去。

文久三年五月十二日，久迩宫朝彦亲王将孝明天皇的手谕拿给岛津久光看，征求岛津久光的建议。

孝明天皇还是不放心，写信给前关白近卫忠熙，内容与给久迩宫朝彦亲王的手谕大致相同。近卫忠熙将此信拿给德川庆胜看，德川庆胜又把信拿给松平容保看。这时，德川家茂已经离开京都，松平容保等都不知如何是好。文久三年（1863年）五月二十六日，近卫忠熙父子写信给岛津久光：

> 希望您早日进京，浪人言论过激，十分猖狂，姊小路公知也遇害了。天皇陛下希望你进京弹压浪人，请尽速来京。

当时，会津藩实力雄厚，最热衷于公武合体，和长州藩立场相反。如果想压制长州藩，必须依靠会津藩。久迩宫朝彦亲王和近卫忠熙父子都受到长州藩的压制，拥护一桥派的二条齐敬对长州藩专横跋扈也十分担忧。这些人一边催促岛津久光来京都，一边和会津藩藩主兼京都守护松平容保商议对策。文久三年六月，久迩宫朝彦亲王、近卫忠熙、二条齐敬联名写信敦促岛津久光上京。文久三年七月，朝廷发敕令催促岛津久光上京，敕令中写道：

> 目无王法的浪人虽然是微不足道的小毛贼，但关系到京都人心的稳定。朝廷希望你亲自率军入京。

近卫忠熙在给岛津久光的信中写道：

> 筑后国久留米浪人真木保臣蛊惑公卿和民众，是罪魁祸首。三条实美等相信真木保臣的言论。久迩宫朝彦亲王与我父子二人对真木保臣等浪人深恶痛绝，但拿他们没有办法。真木保臣提出了五项计划。一是掌握攘夷的主导权，让敌人胆寒。敦促朝廷派敕使到下关，催促尚未答应攘夷的大名赶紧采取攘夷措施。二是制订天皇陛下御驾亲征的计划，制造旌旗和花车，让所有朝臣身穿戎装。三是设立攘夷使谏官，挑选公卿三人、大名三人为司马，这一职位位

高权重；挑选日本最著名的武士三四人为次官，以期让世人耳目一新。四是收回大名的领地和领民的权力，将土地税减二成。五是让天皇陛下坐镇大阪，在大阪海岸配置重兵，在十个要害之处设置关卡，制造大量大炮和军舰。当然，我们认为真木保臣的上述计划实施起来并不容易。不过，为防万一，希望您早日率军入京，挫败真木保臣等的奸计。

尊王攘夷派在一步步推进攘夷计划。文久三年（1863年）六月十三日，朝廷命松平容保回到会津藩实施攘夷计划。松平容保接到敕令以后表示怀疑："朝廷真的想让我回会津藩攘夷吗？"文久三年六月二十七日，孝明天皇通过近卫忠熙下达敕令："朕并没有让京都守护离开京都前往会津藩攘夷的打算。"

当时的京都政界明争暗斗，情况错综复杂。公卿东久世氏、二条齐敬等明哲保身，装聋作哑，即便在密谋时也不敢大声讲话。因此，好朋友之间几乎听不到对方在讲什么。这是因为人们担心密谋的内容被别人听到。二条齐敬已经参与了密谋，即便不大声说话，尊王攘夷激进派也不会为二条齐敬保守秘密的。

文久三年七月十二日，岛津久光又接到了敕令，上面说："尊王攘夷激进派一直在催促朕御驾亲征，事态紧急，尽速带兵上京为盼。"文久二年（1862年）发生了寺田屋事件，之后公武合体计划进展顺利。在岛津久光看来，公武合体这一主张非常合理，孝明天皇、久迩宫朝彦亲王、和萨摩藩关系最近的近卫忠熙都支持这一主张。当时，萨摩藩内部事务繁多，正在因为生麦事件和英国人打仗。因此，岛津久光不能上京。尽管如此，如果岛津久光上京，藩士们都愿意以死报效岛津久光。姊小路公知遇害后，萨摩藩在京都的权势也落入低谷。而今，朝廷召萨摩藩入京，长州藩肯定会想办法阻止。一直以来，长州藩与萨摩藩矛盾很深，萨摩藩长期受到长州藩的压制。萨摩藩对长州藩十分不满，一直在思考如何改变这一现状。萨摩藩想通过支持公武合体派掌握实权，从而提高自己的政治地位。在这种情况下，萨摩藩和公武合体派的公卿及会津藩站在了同一立场上，开始进行谋划。松平容保的会津藩是少壮派公卿和浪人们的眼中钉、肉中刺。因此，少壮派公卿促使朝廷下发了一道敕令，命松平容保回到会津藩攘夷。然而，松平容保没有执行这道敕令，一直留在京都任职。萨摩藩和近卫家族联姻，关系密切。近卫家族在京都很有势力。萨摩藩的人经常出入近卫忠熙的宅邸。永山盛辉等七个萨摩藩的人经常出入久迩宫朝彦亲王的府邸。少壮派公卿想把这七个萨摩藩的人调到九州，做出使九州地区的使者，让他们离开久迩宫朝彦亲王。这七个人拒绝执行命令。因此，少壮派公卿和浪人们都憎恨萨摩藩。

按理说，长州藩和少壮派公卿应该对萨摩藩、久迩宫朝彦亲王、近卫忠熙父子、二条齐敬等的谋划有所察觉。然而，由于萨摩藩一派行为保密，长州藩和少壮派公卿竟毫不知情。然而，长州藩的阴谋被萨摩藩的人探听到了。萨摩藩的内田正风在日记中写道：

> 行幸大和的期限越来越近，近卫忠熙非常担心，但对此无能为力，说道："行幸大和一事完全是少壮派公卿搞的鬼。公武合体派手头没有兵力，如果岛津久光带兵上京，一切事情就解决了。"既然天皇陛下不情愿行幸大和，我们萨摩藩一定想办法阻止此事。我找到当时留守京都的萨摩藩人内田政风、奈良原繁等，对他们讲了上述情况。

之后，内田正风和奈良原繁将从近卫忠熙那里了解到的情况告诉了会津藩的广泽安任等，并就此事进行商议。之后，内田正风和奈良原繁又拜访久迩宫朝彦亲王、近卫忠熙和二条齐敬，商议对策。

文久三年（1863年）八月十五日，久迩宫朝彦亲王、近卫忠熙和二条齐敬进宫向孝明天皇禀奏：

天皇陛下御驾亲征绝非易事，并且会津藩藩主、萨摩藩藩主等认为御驾亲征不可行。这是少壮派公卿的阴谋。朝廷已经下达敕令说天皇陛下要在行幸大和之际御驾亲征。

孝明天皇大吃一惊，说：

三条实美等屡屡劝朕亲征，朕只是想参拜神武天皇的皇陵，并未说要亲征。

久迩宫朝彦亲王说：

陛下应该下令鹰司辅熙中止这一计划。

孝明天皇说：

三条实美等已经决定的事情，鹰司辅熙是无法阻止的，还是由朕来想个稳妥的办法吧。

文久三年（1863年）八月十六日，孝明天皇派宫女将手谕交给久迩宫朝彦亲王，手谕中写道：

昨夜的事情朕经过深思熟虑，只能命令松平容保来处理。

于是，久迩宫朝彦亲王找来松平容保，传达了孝明天皇的旨意。松平容保欣然受命。松平容保非常清楚孝明天皇亲征对德川幕府不利，行幸大和表面上是祈祷攘夷，实际上是谴责德川幕府违背敕令，并讨伐幕府，正在想方设法阻止此事。其实，在久迩宫朝彦亲王找松平容保之前，松平容保就跟久迩宫朝彦亲王讲过孝明天皇御驾亲征是不可行的。久迩宫朝彦亲王也赞成松平容保的看法。之后，久迩宫朝彦亲王和岛津忠义、近卫忠熙、二条齐敬、德大寺氏等商议如何阻止孝明天皇亲征。尽管整个京都议论纷纷，说什么的都有，松平容保都置之不理，没有和包括自己的家臣在内的任何人讲与久迩宫朝彦亲王商议的事情。因此，长州藩一派的人对此事一无所知。

文久三年（1863年）八月十五日晚上，萨摩藩留守京都的负责人将藩士们召集到相国寺前面的萨摩藩藩邸，后来让藩士们到近卫忠熙的府邸待命。文久三年八月十七日晚上，萨摩藩留守京都的负责人再次召集藩士们，决定动手。这时正值会津藩驻京部队交接之际，新兵来到了京都，旧兵还未离开。萨摩藩驻京部队人数很少，一直以来受到长州藩的压制。会津藩的兵力和萨摩藩的兵力合在一起，就足以对付长州藩的朝廷亲兵。尊王攘夷激进派的势力越来越大，孝明天皇行幸大和的日期迫近。萨摩藩、会津藩的藩士们劝久迩宫朝彦亲王采取对策，久迩宫朝彦亲王赶紧进宫请示孝明天皇。孝明天皇赐给久迩宫朝彦亲王手谕，命令他采取措施。这就是政变的大致过程。

文久三年八月十八日的政变发生后，朝廷的人事也出现了重大变化。三条实美等七个公卿随长州藩的朝廷亲兵畏罪潜逃。文久三年十二月二十三日，鹰司辅熙被免职，由二条齐敬任关白。长州藩藩士离开了京都，回到长州藩。尾张藩、纪伊藩等都派兵入京。朝廷任命有栖川宫炽仁亲王、大原重德为正副敕使出使关东，命冈山藩藩主池田茂政陪同有栖川宫炽仁亲王和大原重德前往关东。池田茂政拒绝执行这一命令。这时，松山藩藩主松平定昭恰巧来到京都。朝廷根据德川幕府的建议，让松平定昭代替有栖川宫炽仁亲王出使关东。文久三年十月一日，松平容保因在文久三年八月十八日的政变中立功，受到朝廷的嘉奖。长州藩和长州藩一派的公卿及浪人们在这次政变中失败，处境危险。主张公武合体的一派掌握了朝廷的实权。一桥派的二条齐敬在官位上超过一条忠香，取代鹰司辅熙做了关白。萨摩藩对这一人事安排并不满意。文久三年八月十八日的政变是萨摩藩和会津藩联手才成功的。萨摩藩并非像会津藩那样对德川幕府忠心耿耿。萨摩藩对长州藩恨之入骨，想除掉长州藩，让支持自己的久迩宫朝彦亲王、近卫忠熙等身居要职，让政局恢复到文久二年（1862年）年末的状态。而会津藩本来就是德川幕府的左膀右臂，萨摩藩和会津藩不可能长期共事。二条齐敬出任关白一职意味着佐幕派暂时获胜。因此，萨摩藩开始与长州藩联手。这是德川幕府灭亡的主要原因。

第 6 章

各地大名纷纷举兵

第 1 节 大和五条举兵

文久三年（1863年）八月十三日，朝廷下诏宣布孝明天皇行幸大和，为御驾亲征进行祈祷，并下令大和各地的大名负责孝明天皇一行的护卫事务。然而，大和地区有很多大名都是德川幕府的谱代大名，并且这里有不少土地是德川幕府的直辖领地。因此，大和地区的大部分大名对德川幕府感恩戴德。孝明天皇行幸大和如果和行幸加茂神社一样，只是祈祷攘夷，那就没有必要担忧。然而，在主张孝明天皇行幸大和的公卿和志士中，有人计划利用这个机会四处招兵并敦促朝廷发出讨幕的敕令。因此，大和的形势堪忧。当时，让大和地区的大名负责孝明天皇一行的护卫事务对于尊王攘夷激进派的公卿和浪人来说，是一个障碍。于是，冈山藩、三河藩、土佐藩、肥后藩的浪人们聚在一起商议道：

> 我们应该先到大和地区游说佐幕派大名及德川幕府的代官等，让他们和我们一起讨幕。假如他们不答应，我们就杀掉他们，兴师勤王，做行幸大和的先锋。

孝明天皇的侍从中山忠光性格刚毅，颇有武士风范。前几天，中山忠光

北条氏恭

从京都逃了出来。各藩的浪人们推举中山忠光做他们的主帅,进而在土佐藩、福冈藩等藩国中找到了三四十个志同道合之人。文久三年(1863年)八月十四日黄昏,这些浪人声称到关西援助那里的攘夷活动,乘船来到大阪。这些浪人在船上断发,发誓决一死战。文久三年八月十六日,这些浪人到达河内国狭山藩,要求拜见藩主北条氏恭。北条氏恭称病不出,派两名家臣接待了这些浪人。这些浪人劝北条氏恭的家臣和自己一起举事,却被拒绝了。

于是,这些浪人登上大泽岭商议道:

> 五条的守将铃木源内坐镇十津川乡,对德川幕府感恩戴德,忌惮尊王攘夷之士。十津川乡的乡民自古以来受勤王思想熏陶,如果我们杀死铃木源内,乡民必然响应。

于是，文久三年（1863年）八月十七日，这些浪人杀死了铃木源内及其属下，张榜安民。之后，这些浪人声威大振。他们的首领中山忠光自称侍从，谎称奉敕令行事，四邻响应，人数达到一百五十余人。此时，京都的东久世通禧担心这些浪人不会成事，派人劝他们罢手。他们不听劝告。中山忠光等派人联络周边的大名入伙，京都守护松平容保闻报后一方面向德川幕府汇报，另一方面下令大和周边的大名镇压这些浪人。德川幕府命松平容保和大名们诛杀中山忠光。文久三年八月十八日，京都发生政变，尊王攘夷激进派陷于窘境，朝廷宣布中止行幸大和。中山忠光等受到大名们的围剿。然而，中山忠光等夺去十津川乡，获得了千余人马，逼近高取城。中山忠光等在高取城下战败后，杀向五条。纪伊藩出兵进攻中山忠光等。中山忠光等奋战数日，弹尽粮绝。中山忠光逃到大阪的长州藩藩邸，其他人或战死，或被捕后处死，大和举兵以失败告终。

第2节 但马举兵

东久世通禧的家臣平野次郎劝说中山忠光等罢兵，中山忠光不听。平野次郎只好回到京都。文久三年八月十八日，京都发生政变，平野次郎逃遁至山阴道。当时，萨摩藩藩士美玉三平正在但马过着逃亡生活。在文久二年（1862年）的寺田屋事件中，美玉三平逃脱后，到了四国，后来到了但马。文久三年六月，美玉三平来到京都。当时，长州藩势力很大，帮助朝廷设置了亲兵。美玉三平假冒朝廷招募亲兵的敕使，来到但马，招募农民入伍，打算与大和的中山忠光遥相呼应。这时，平野次郎来到长州藩迎接三条实美等七位公卿举事。于是，三条实美等七位公卿和长州藩的志士们商议此事。结果，长州藩藩士益田亲施、清水清太郎等认为当时不能让三条实美等七位公卿去其他藩国，否则会酿成大祸。此外，如果长州藩出兵援助中山忠光等，一旦让朝廷知道，后果不堪设想。于是，平野次郎又请求七位公卿中的一位做主帅，公卿泽宣嘉答应了平野次郎的请求，和平野次郎偷偷走了。东久世通禧和四条氏假装前去追赶，回来和长州藩藩士说没有追上。泽宣嘉和平野次郎来到但马的森垣村。这时，美玉三平、平野次郎等四十人跟随泽宣嘉。这一时期，到处都有浪人发动暴动，朝廷和德川幕府加大了镇压力度。朝廷中公武合体派掌握了实权，大多数大名支持公武合体派。因此，形势对泽宣嘉等十分不利。泽宣嘉等的兵都是农民出身，开始胆怯起来。姬路等藩国奉松平容保之命出兵镇压泽宣嘉等。泽宣嘉手下的农民兵发生哗变，泽宣嘉逃走，平野次郎被俘，美玉三平战死，其他十三人自杀。泽宣嘉等的举事以失败告终。此时，中山忠光从大阪逃到长州藩避难。泽宣嘉无颜回长州藩，最后不知所终。因浪人们没有经验，做事轻率、莽撞，德川幕府气数未尽，大和与但马举均以失败告终。这也说明德川幕府统治了二百多年，有很强的军事实力。朝廷要想真正收回政权和兵权，必须依靠武力。不过，大和与但马举事是有组织的暴动，比暗杀一两个幕府要员进步了很多。这预示着德川幕府的灭亡已经不远了。

第3节 常野之乱

美国海军将领马休·佩里率军舰来到日本之后，德川幕府的衰相毕现。到了元治、庆应年间，日本已经进入乱世。西面长州藩与德川幕府分庭抗礼，东面发生了常野之乱。在此之前，大和、但马发生了暴动。在外交上，欧美列强逼迫德川幕府同意与外国通商。而朝廷屡屡敦促德川幕府攘夷。德川幕府内外交困，焦头烂额。

水户藩与萨摩藩、长州藩、土佐藩等藩国的情况不同。萨摩藩、长州藩等藩国中原本就有激进派浪人、志士。这些浪人、志士私自离开自己的藩国，来到京都、江户，四处活动。其中既有言行过激的激进派，也不乏拥有远见卓识之人。西乡隆盛、大久保利通、木户孝允等高瞻远瞩，借助自己藩国的力量，进而联合其他藩国来对抗德川幕府。在樱田门外之变以前，长州藩藩士和水户藩藩士经常联系。水户藩和长州藩都主张攘夷论，东西呼应。藤田东湖的四儿子藤田小四郎少年有为，颇有威望。藤田小四郎继承德川齐昭的遗志，主张攘夷论。文久三年（1863年）春天，藤田小四郎跟随水户藩藩主德川庆笃来到京都。藤田小四郎和公卿们来往，主张攘夷论。德川幕府考虑到日本的国力无法对抗欧美列强，对朝廷阳奉阴违，不愿攘夷。藤田小四郎对此十分愤慨。为了实现德川齐昭的攘夷遗愿，藤田小四郎和长州藩的木户孝允联手推动攘夷事业。木户孝允劝藤田小四郎和自己在东西两面起兵，并给他提供活动经费。藤田小四郎欣然同意，回到了关东。

文久三年八月十八日的政变之后，会津藩和一桥派得势，长州藩等尊王攘夷激进派受挫。水户藩的市川朝比奈等得势，凡事都唯幕府马首是瞻。藤田小四郎决定举兵。为了名正言顺地在藩内招兵买马，藤田小四郎请求德川幕府让自己做攘夷先锋。当时，德川庆笃在江户，主张门户开放，并建议德川幕府通过赔款解决生麦事件。水户藩内即便有人内心赞成尊王攘夷，但也不愿背叛德川庆笃和德川幕府。因此，支持藤田小四郎的人很少。迫不得已，藤田小四郎离开水户藩来到府中，纠集志同道合者。跟随藤田小四郎起事的大部分是天狗党①成员，都是一些乌合之众。这注定藤田小四郎是不会成功的。

藤田小四郎奔走于两总常野②之间，寻找志同道合者。不久，各藩浪人纷纷来投，并约定于文久三年三月二十六日在筑波山举兵，共计六十余人，被称作"筑波党"。众人推举藤田小四郎为首领。藤田小四郎因自己年幼，推荐天狗党的领袖田丸稻之卫门为领袖。文久三年四月二日，藤田小四郎等从筑波山出发，前往日光山。到了宇都宫藩时，藤田小四郎劝藩主户田忠恕加盟，户田忠恕花言巧语将藤田小四郎一行留在宇都宫城下。与此同时，户田忠恕向德川幕府告密。此时，德川幕府已经让邻近藩国做好了准备。户田忠恕突然翻脸，答复藤田小四郎说："宇都宫藩不能和你们同流合污。"于是，藤田小四郎等无法占据日光山作为根据地，参拜了东照宫之后，占据了大平山。德川幕府打算派大兵围剿。德川庆笃对此非常担心，建议说："我打算带水户藩的部队剿

---

① 天狗党，指的是日本幕末时期水户藩尊王攘夷派中的激进分子。
② 两总常野，是指上总、下总、常陆、上野地区。

灭乱贼。"之后，德川庆笃派山国兵部、立原朴次郎前去遣散藤田小四郎等。然而，山国兵部和立原朴次郎与藤田小四郎是一伙的，二人暗示藤田小四郎说："假如你们骚扰其他藩，幕府会派兵来讨伐你们。你们不如来水户藩，从长计议。"藤田小四郎等采纳了这一建议，又回到筑波山。这时，上野、结城的有志之士来投奔藤田小四郎。水户藩的田中愿藏也率二百余人加入藤田小四郎的队伍。紧接着，藤田小四郎劝说壬生、结城等附近的各藩国加入自己的队伍，这些藩国的藩主态度不明确。田中愿藏粮食匮乏，打算到宇都宫藩筹备军资。户田忠恕不肯协助，田中愿藏大怒，放火烧了宇都宫城。田中愿藏计划占据骏府、信浓之后，禀奏朝廷，杀死幕府的要员，号令四方。然而，田中愿藏火烧宇都宫，抢劫财物，导致当地百姓对藤田小四郎、田中愿藏等筑波党成员恨之入骨，附近各藩国都加强了戒备。自此，筑波党臭名昭著。附近的小领主和富豪等害怕触怒藤田小四郎、田中愿藏等，支援钱粮来避免灾祸。因此，筑波党越来越猖獗。水户藩的太田清右卫门等占据近乡的学校，声援筑波党。这时，筑波党的反对派占据岩舟山，批判筑波党的行为，打算讨伐筑波党。筑波党的反对派到江户请求德川庆笃罢免支持筑波党的武田耕云斋等的职务，让市川弘美等取而代之。武田耕云斋等进行反击，命市川弘美蛰居。后来，市川弘美又回到水户藩。水户藩的朋党之争非常严重，士民人心惶惶。德川幕府下令告诫水户藩的家臣管束藩士们。

其实，早在德川齐脩在世时，水户藩的朋党之争就已经开始了，在德川齐昭做藩主的时候，朋党之争加剧。水户藩是亲藩，距离江户很近，与德川幕府的关系错综复杂。当时，德川幕府的政务总裁一职由松平直克担任。松平直克的养父松平直侯是德川齐昭的儿子，和水户藩是近亲。松平春岳擅自辞职后，松平直克奉朝廷之命担任政务总裁一职。松平直克负责与欧美列强谈判关闭日本港口事宜，打算借助水户藩武田耕云斋的力量，与武田耕云斋过从甚密。当时，板仓胜静等老中意识到：

关闭港口是不可能的，和外国人交涉关闭港口事宜只不过是空喊口号，搪塞朝廷。武田耕云斋等的攘夷活动是轻率之举，应该予以取缔。

因此，松平直克和老中们意见分歧很大，板仓胜静等一度递交辞呈。德川庆笃赞同尾张藩藩主德川茂德的说法，主张德川幕府通过赔款方式解决生麦事件。松平直克见自己的主张无法实现，便于文久三年（1863年）六月辞职。武田耕云斋等上书德川幕府，进行争辩，但德川幕府没有受理他们的上书。德川幕府已经决定讨伐筑波党，下令让市川弘美等出兵讨伐筑波党及其支持者。

德川茂德

市川弘美等接到德川幕府的命令后，感觉自己兵力不够，向德川幕府请求援兵。文久三年（1863年）六月十一日，德川幕府命高崎藩和笠间藩协助市川弘美前去讨伐筑波党。幕府讨逆军花了半个月时间，于文久三年七月五日来到距离江户八十千米的常州下妻。围剿一小撮逆贼，幕府部队就如此怯懦，这说明德川幕府已经无力统治日本。筑波党中的天狗党成员在附近张榜称："我们为了实现德川齐昭的遗愿，奉朝廷的命令攘夷，希望有志之士加入。"然而，筑波党的所作所为不得人心，他们被看作贼徒。文久三年七月五日，一千五百名幕府讨逆士兵来到高祖道原。一百多名筑波党成员向幕府讨逆军发起进攻，打败了幕府讨逆军。接着，筑波党出动骑兵袭击下妻的幕府讨逆军，也大获全胜。幕府讨逆军全线溃退，最后回到江户。高崎藩的部队闻报也仓皇逃离，风声鹤唳，草木皆兵。市川弘美等也逃到了越谷。筑波党捡到了幕府讨逆军丢弃的大量粮食、军械，势力大振。加入筑波党的人越来越多，总数达到三四百人。市川弘美回到水户藩，逮捕并斩杀了筑波党成员的妻儿及支持者。因此，筑波党决定下山回水户藩消灭市川弘美。文久三年七月十七日，讨逆使永见贞之丞以军粮不足为由回到江户。德川幕府任命若年寄田沼意尊为讨逆使。文久三年八月一日，田沼意尊率军抵达古河。兵贵神速，幕府人马却迟疑不决，文久三年八月二十日才抵达结城。市川弘美出迎田沼意尊。田沼意尊带着一万三千名士兵却不进攻筑波党，而是静观形势的变化。

　　德川庆笃对水户藩内的内讧非常担忧，派松平赖德前去调解。文久三年八月二日，松平赖德从江户出发前去平叛，来到新宿小金边城。天狗党派两名使者给松平赖德下书劝降。松平赖德大怒，斩杀了一名使者，另一名使者逃回。天狗党向城中开炮，松平赖德逃走。文久三年四月，武田耕云斋回到水户藩，赶走市川弘美，夺回实权。武田耕云斋的士兵保护着松平赖德回到水户藩。情况越来越复杂，松平赖德和武田耕云斋也被德川幕府视作叛逆一党。讨逆使田沼意尊开始进攻，筑波党、天狗党勇敢作战，但寡不敌众。加之，筑波党、天狗党烧杀劫掠，不得民心，势力越来越弱。周围十几个藩国前来援助田沼意尊，田沼意尊的兵力达到数万人。松平赖德投降了幕府一方。

武田耕云斋

　　武田耕云斋盘踞馆山,听说幕府的讨逆大军已到,于文久三年(1863年)十月二十三日白天撤走了。幕府讨逆军束手旁观,白白地放走了武田耕云斋的部队。田沼意尊督促各路讨逆军追击武田耕云斋的部队。然而,武田耕云斋的部队走走停停,幕府讨逆军也跟在后面走走停停,根本不交战。最终,武田耕云斋的部队逃走了。幕府军队怯懦到这种程度,令人惊讶。之后,武田耕云斋在中途遇到阻拦的话,就奋力击溃阻拦的部队,顺利通过。一路上,武田耕云斋的部队与民秋毫无犯,经中仙道西上。德川幕府下令大名做好防御和堵截工作。武田耕云斋的部队一边与沿路堵截的大名作战,一边进军。当来到美浓国时,武田耕云斋的部队得到了萨摩藩的中村半次郎的帮助,攻克并占据大垣城。中村半次郎想和武田耕云斋谋划更大的军事行动,武田耕云斋没有答应，中村半次郎愤然离去。听说德川庆喜带着各藩国的部队从京都出发来讨伐自己，武田耕云斋离开大垣城前往日本北部。文久三年（1863年）十二月九日，武田耕云斋到达福井街道今庄宿。此时，德川庆喜率领讨逆军从三面追了上来，前面有加贺藩挡路，后有福井藩的追兵，长滨街道上有彦根藩的部队。武田耕云斋已经无路可逃。当时正值文久三年十二月中旬，北风寒冷刺骨，积雪达七八尺，武田耕云斋的部队和幕府讨逆军都行动不便，暂时休战。武田耕云斋的部队进入山里，进退维谷，逗留了十二天。山谷里很难得到粮食，人马都饥寒交迫。士兵们杀马而食。这时，加贺藩派人送来了粮食，武田耕云斋等七百七十六人感念加贺藩的情义，投降了加贺藩。武田耕云斋上书加贺藩藩主前田齐泰，希望对方不要把自己当作反贼来对待，又写信给德川庆喜，表达自己尊王攘夷的志向。加贺藩拘禁了武田耕云斋等，等待德川幕府处置。庆应元年（1865年）二月，德川幕府派人来审问并处置叛军，武田耕云斋等首领被处斩。坊间批判德川幕府对逆贼的处置过于严厉。其实，德川幕府这样处罚并不算重。德川幕府让德川庆笃闭门思过，处分很轻。然而，德川幕府因为这件事情严厉惩罚长州藩，执法尺度亲疏有别。这是导致德川幕府覆亡的一个重要原因。

第 7 章

公武合体派的全盛时期

第1节 京都守护及京都所司代的更迭

文久三年（1863年）八月十八日政变之后，公武合体派掌握了京都政权，他们致信德川幕府，请征夷大将军德川家茂趁此机会上京共商国是。文久三年春天，德川家茂上京时，岛津久光认为时机不对，表示反对。而今，岛津久光也催促德川家茂上京。然而，德川幕府财政拮据，德川家茂一年内两次上京，花费颇多，德川幕府难以承受。有的老中表示反对，但最终德川幕府还是决定让德川家茂上京。元治元年（1864年）正月八日，德川家茂抵达大阪。元治元年正月十二日，关白二条齐敬命京都守护松平容保、松平直克、水野忠精、山内容堂、伊达宗城劝德川家茂长期留在京都。元治元年正月十五日，德川家茂进入二条城。传奏到二条城恭迎德川家茂上京。与文久三年春天上京时相比，朝廷对德川家茂的待遇要好多了。这是因为松平容保与朝廷交涉了接待德川家茂的待遇问题。

当时，长州藩的人都已经回到长州藩，三条实美等公卿也寓居长州藩。大和、但马之乱已经平定。各藩国的浪人一部分已经聚集到水户藩的常野地区发动叛乱，但朝廷尚未平定。另一部分浪人聚集在长州藩，准备卷土重来。在幕府内部，德川庆喜和德川家茂矛盾重重。萨摩藩藩主岛津忠义、土佐藩藩主山内丰范、福井藩藩主松平茂昭、宇和岛藩藩主伊达宗德等视形势而定，形势有利，就上京；形势不利，就回到各自的藩国。只有会津藩藩主兼京都守护松平容保对德川幕府忠心耿耿，不计利害，为了履行自己的职责，决心把京都作为自己的葬身之地。正是因为这个原因，一直以来，孝明天皇对松平容保信任有加。不过，当时孝明天皇和松平容保接触不多。元治元年（1864年）正月十一日，松平容保被德川幕府任命为军事总裁。德川幕府还给松平容保下了一道密令：

  今日，你要派人谴责长州藩藩主毛利敬亲，假如他有不满情绪，你就出兵征讨。
  兹任命德川茂承为征讨长州藩的总督，任命松平容保为征讨长州藩的副总督。即日起，给德川茂承和松平容保增加产量五万石的封地。

军事总裁是要职，负责海军、陆军事宜，大事要和德川幕府的执政协商处理，小事可以自行处理。即便如此，松平容保颇得孝明天皇的信任，不忍离开京都，对升任军事总裁一职不太满意。松平春岳代替松平容保担任京都守护一职。然而，元治二年（1865年）四月，松平春岳被免职，松平容保恢复了京都守护一职。究其原因，松平容保任京都守护一职很长时间了，孝明天皇对松平容保离开京都表示惋惜。孝明天皇一次也没有召见过松平春岳，对松平春岳不太信任。不仅如此，松平春岳在朝廷和德川幕府困难之际，不经允许就辞去政务总裁一职，回到了福井藩。相比之下，松平容保为了守卫皇宫，鞠躬尽瘁，自然会得到孝明天皇的信任。元治二年四月十二日，孝明天皇任命松平容保为参议。

松平容保被任命为征讨长州藩副总督后，认为自己生死难测，便上奏孝明天皇，表明自己勤王的忠心和主张公武合体的观点。在勤王方面，松平容保不比任何人差。不过，松平容保认为勤王的最好方法是佐幕。这是松平容保和尊王攘夷派最根本的区别。松平容保主张应该由德川幕府处理国家政务，这就是尊王治国。这也是松平容保先祖的遗训，是会津藩的根本方针。而萨摩藩、长州藩等主张尊王排幕。在这一点上，会津藩和萨摩藩、长州藩等其他藩国立场完全不同。在戊辰战争中，会津藩坚决站在德川幕府一边也是因为这个原因。尽管孝明天皇对松平容保信任有加，松平容保还是打算辞去京都守护一职，离开孝明天皇。这让孝明天皇感到不安。假如当时松平容保拒绝德川幕府的任命，一直任京都守护，守卫皇宫，那么在戊辰战争中松平容保的会津藩也不会落得那么惨的下场。松平容保也不会背上朝廷叛贼的骂名。这对于会津藩来说是一大憾事。松平容保复任京都守护一职后，孝明天皇开始疏远他。

松平容保荣升军事总裁一职之后，朝廷命松平容保任征讨长州藩副总督。因为征讨长州藩责任重大，松平容保倾尽了会津藩的力量。为此，松平容保写信给会津藩的家臣们，让他们协助自己的工作，不要闹情绪。元治二年（1865年）四月七日，朝廷罢免松平春岳的京都守护一职，松平容保复职。元治二年四月十一日，稻叶正邦辞去京都所司代一职，升任老中。元治二年四月二十七日，朝廷新设京都巡察使一职，由谱代大名担任。桑名藩藩主松平定敬

松平定敬

是松平定信的后代，治藩严谨，奖励文武。在对德川幕府的忠诚度上，桑名藩不输会津藩。这就是桑名藩的藩风。松平定敬是松平义建的七儿子松平容保的亲弟弟。松平定敬自幼聪明伶俐，机智果断。松平容保、松平定敬分别任京都守护和京都所司代，自此世人将会桑二藩并称。德川庆喜辞去将军监护人一职后，被朝廷任命为禁里御守卫总督和摄海防御指挥。由此可见，在权势上，公武合体派进入全盛时期。世人认为朝廷任命德川庆喜为摄海防御指挥不是为了防御外国人入侵，而是为了防御长州藩。还有人认为德川庆喜接受这一任命是为了坐镇大阪，得到摄津、河内、和泉的领地。

元治二年（1865年）四月五日，福冈藩嗣子黑田长知上书朝廷：

黑田长知

我主张把国家政务交由幕府处理，让幕府专门负责攘夷事宜。各藩国藩主逗留京都，弊端重重。朝廷应该让诸藩主回到自己的藩国。我认为没有必要守卫京都，应该加强日本的军事力量。我认为攘夷是一种轻率的举动，万万使不得。应该先关闭港口，戒掉懒惰习气。

萨摩藩和会津藩联手把长州藩的势力从京都驱逐出去了，而今什么好处也没有得到，所以萨摩藩的人愤愤不平。此时，萨摩藩内部发生了人事变动，公武合体派的首领中山中左卫门被排挤出萨摩藩的领导集体，讨幕派领袖西乡隆盛受到重用。萨摩藩的形势发生了重大变化，萨摩藩开始和长州藩接近。岛津久光主张关闭横滨港的谈判是无益的。德川庆喜并未认可岛津久光的观点，岛津久光非常不快。不仅如此，岛津久光也开始对会津藩不满，萨摩藩和会津藩开始疏离。会津藩觉察出萨摩藩有不满情绪。当时，常驻京都的会津藩藩士写信给留守会津藩的家臣们，提到了萨摩藩的变化。

文久三年（1863年）七月，长州藩及其支持者三条实美等七位公卿、浪人们的所作所为不管出自什么动机，难免背着暴举之名。在此期间，萨摩藩的行动也值得注意。文久三年四月四日，岛津久光回到萨摩藩。京都只剩下西乡隆盛等少数几个家臣，实权落在西乡隆盛手里。西乡隆盛对长州藩表示同情，打算与长州藩联手打倒德川幕府。尽管如此，当时的情况不允许，西乡隆盛无法帮助长州藩。另外，西乡隆盛认为：

长州藩激进派的主张代表日本国家上进的精神，不应打压这一精神。不过，长州藩激进派的行动过于莽撞，闹出事情来会坏大事的。我们应该采取慎重态度。

元治二年（1865年）六月五日，长州藩、肥后藩、鸟取藩、越后藩等藩国的浪人在池田屋旅馆策划大事，并准备举事。这时，新选组逮捕了这些浪人，长州藩派人前去求情，朝廷却拒绝放人。在蛤御门之变中，会津藩、桑名藩立下战功。当时，德川庆喜任皇宫护卫，松平容保任京都守护，松平定敬任京都所司代，公武合体派掌控了京都。西乡隆盛根本没有办法帮助长州藩。

德川幕府及佐幕派势力越来越大，长州藩对此十分不满。长州藩藩士三太夫意识到光靠笔舌等和平手段无法达到目的，便起兵逼近京都，会津藩、桑名藩和萨摩藩出兵击退了三太夫等。于是，长州藩背上了朝敌的骂名。支持德川幕府一方的会津藩、桑名藩等想征讨长州藩，但一直苦于师出无名。这次，会津藩、桑名藩可以奉敕令征讨朝敌长州藩了。德川庆胜任征讨长州藩总督，采纳了西乡隆盛等的建议，"雷声大，雨点小"，草草收场。德川幕府对此十分不满，决定再次征讨长州藩。然而，这一次以德川幕府的失败告终。以此为转折，统治日本二百六十余年的德川幕府逐渐走向灭亡。世人认为德川幕府第二次征讨长州藩师出无名，草率莽撞，所以以失败告终，自讨没趣。甚至连支持德川幕府的人也指责幕府第二次征讨长州藩。在第一次讨伐长州藩时，德川庆胜大获全胜，毛利敬亲父子已经谢罪。德川幕府如果原谅长州藩，对自己是有利的。然而，德川幕府再次征讨长州藩，以失败告终，自取其辱。从萨摩藩和长州藩的角度来看，它们认为自己的行动是理所当然的。德川幕府只有通过实力才能担负起治国平天下的大任。只有具备强大的军事实力，德川幕府才能作为事实上的掌权者，赢得萨摩藩、长州藩等藩国的尊重和服从。假如德川幕府有名无实，外强中干，就不能担负起统治国家的责任。从名分上来说，德川幕府不是皇室，如果德川幕府没有军事实力，大名就没有必要听从德川幕府的命令。志在勤王的志士们一直在等待机会打倒德川幕府。与此同时，会津藩和桑名藩的观点代表着德川幕府一方的观点。会津藩和桑名藩认为长州藩阳奉阴违，心怀叵测，并且在行动上也表现出来了。德川幕府必须予以惩处，否则德川幕府的权威会受到威胁。在内忧外患频仍的情况下，德川幕府和萨摩藩、长州藩等主张尊王攘夷的各藩国势不两立。长州藩认为通过上书等和平手段呼吁改变现状没有任何用处，只能以武力清君侧。会津藩和桑名藩认为长州藩阳奉阴违，必须用武力镇压。因此，长州藩和德川幕府之间的矛盾无法调和。

德川幕府能否存在下去取决于自身有没有军事实力。北条氏能够维持镰仓幕府的统治，靠的就是军事实力。德川氏能够在江户维持对日本全国的统治，靠的也是军事实力。既然幕府依靠军事实力维持统治，那么幕府绝对不允许其他人在自己的卧榻之旁酣睡。正是因为这个原因，源赖朝征讨陆奥的藤原氏，丰臣秀吉在萨摩南部征讨岛津氏。假如庆应初年不征讨长州藩的毛利氏，事实上德川幕府早已灭亡了。正是因为再次征讨长州藩，德川幕府才算尽了自己的职分。德川幕府打算在平定长州藩之后征讨萨摩藩。这样做是理所当然的。对于德川幕府来说，比起苟且偷安维持有名无实的幕府政权，不如孤注一掷与萨摩藩和长州藩一决雌雄。这才是武士的本色。德川幕府若是在兵败力竭后将政权奉还给孝明天皇，就不会有任何遗憾。即便德川幕府没有再次征讨长州藩，西乡隆盛等也已经和安艺藩、长州藩的志士们谋划三藩联盟共同讨幕。总而言之，德川幕府和萨摩藩、长州藩势不两立。如果德川幕府在第二次征讨长州藩之前将政权奉还给孝明天皇，就可以实现政权的和平过渡。这一做法是上策，但纯属理想，在现实生活中是不可能实现的。老中们和会津藩、桑名藩等佐幕藩高估了德川幕府的实力，低估了萨摩藩、长州藩等讨幕藩的实力，相信德川幕府能够使萨摩藩、长州藩等屈服。这是德川幕府最大的失策。

第2节 政变后长州藩的情况

在文久三年（1863年）八月十八日的政变后，长州藩陷入逆境。在京都河原町的长州藩藩邸中留守的只有寥寥数人。三条实美等西逃的七位公卿被褫夺了官职，寓居汤田的客栈，非常凄惨。文久三年十月二十一日，毛利敬亲派家臣根来上总到京都拜托劝修寺的僧人向朝廷陈情："毛利敬亲和毛利元德及七位公卿对朝廷绝无二心。"当时，京都的实权掌握在德川庆喜、会津藩、萨摩藩及支持他们的公卿手中。长州藩的陈情没有被当局受理。不仅如此，朝廷不允许根来上总从大阪到京都，也不允许他在朝廷官员之间走动。迫不得已，根来上总回到长州藩，向毛利敬亲汇报事情的经过。于是，长州藩的士民群情激奋，决定再次向朝廷陈情。

真木保臣、久坂玄瑞、宫部鼎藏等长州藩的志士言论过激，指出：

当今奸臣当道，阻塞言路，天皇陛下听不到我长州藩的诚意。值此之际，采取请愿、陈情等和平方式无济于事。奸臣们挟天子以令诸侯，陷害正义之士，支持幕府，助纣为虐。这些奸臣是天地难容的逆贼，应从速诛杀。我等讲这些事情并非为个人的荣辱和恩怨。由于奸臣当道，进谗言，毛利敬亲和毛利元德及七位公卿蒙受不白之冤。我等无法为他们排遣郁闷，苟且偷生，必然为后人耻笑。我们应该与奸臣们决一死战。谋事在人，成事在天。我们可以集中萨摩藩、长州藩的精锐部队上京请愿。即便如此，我们长州藩的冤情还是得不到申诉的话，我们将诉诸最后的手段，清君侧，稳固朝廷政权，再次攘夷。这样，我们就可以让黎民免于涂炭，对外宣扬国威。

之后，真木保臣、久坂玄瑞等歃血为盟，制定出师三策。久坂玄瑞等意识到："对于长州藩来说，当务之急是详细了解京畿周围的情况。"然而，当时德川幕府戒备森严，长州藩的人上京非常不便。所幸的是，当时英彦山的僧人左竹织江、高根正也颇有勤王之志，到长州藩拜访三条实美等七位公卿。真木保臣、久坂玄瑞等商议委托左竹织江进京探听消息。左竹织江欣然同意，前往京都。左竹织江上京后出入有栖川宫炽仁亲王、鹰司辅熙及三条实美等七位公卿的府邸探听京都的消息后汇报给长州藩。江户和京都的形势大不一样。长州藩等曾经在京都宣扬尊王攘夷，其影响根深蒂固。德川庆喜、松平春岳、山内容堂等在江户宣扬公武合体，德川幕府也主张公武合体。而今，长州藩等的尊王攘夷激进派在京都的势力受到重创，几乎销声匿迹了。久迩宫朝彦亲王、近卫忠熙、二条齐敬、德川庆喜及会津藩和桑名藩的势力等公武合体派主导了京都的舆论。德川幕府中有一派势力打算恢复幕府的政权，而今也在幕府中掌握了实权。这样一来，由幕府中的公武合体派主导的幕政改革也毁于一旦，有恢复旧制的势头。对此，志士们群情激奋，深感讨幕是当务之急。而讨幕的第

赤祢武人

一步就是恢复尊王攘夷派在京都的势力。长州藩的尊王攘夷激进派虽然委托左竹织江探听京都的消息,但还不放心。于是,寺岛忠三郎等长州藩的尊王攘夷激进派人士上京探听京都、大阪方面的消息。在寺岛忠三郎回到长州藩后,长州藩家臣井原主计带着请愿书上京陈情。久坂玄瑞本来打算跟随井原主计上京,但在赤祢武人等的挽留下没有成行。后来,久坂玄瑞才得以上京。根来上总托劝修寺住持将长州藩的请愿书上呈给朝廷,朝廷却指出请愿书中的内容有很多可疑之处。因此,根来上总让井原主计召集谋臣修改请愿书,之后再次带着请愿书到京都。修改后的请愿书大意是:"癸丑甲寅以来,长州藩一直奉诏行事。长州藩做的一切工作都是以赤诚之心报效朝廷。"井原主计打算向朝廷陈情,结果因为德川幕府正在讨论征讨长州藩事宜而搁浅。文久三年(1863年)十一月七日,德川幕府向在京都的大名及市民发布征讨长州藩的公告。与此同时,德川幕府给鸟取藩、肥后藩、久留米藩等藩的藩主下达密令,命他们派援军征讨长州藩。

元治元年(1864年)春天,长州藩的益田弹正等上书毛利敬亲,主张:"您应该和少主、三条实美等公卿强行上京陈情。"然而,毛利敬亲父子认为这一做法过于鲁莽,于是由三条实美等公卿联名写了奏折让人带到京都,同时让人探听京都的动静和驻京各藩人士的动向,并联合长州藩的志同道合者。

元治元年二月一日,清冈公张、千屋菊治郎探听了水户藩的情况后回到了长州藩。当时,水户藩正在发生内讧,无法和长州藩合作讨伐幕府。长

清冈公张

土方久元

州藩意识到指望不上水户藩。这时，长州藩的志士们越来越激进。元治元年（1864年）三月，宫部鼎藏等提议说：

> 如今萨摩藩、会津藩等各藩在京都专横跋扈，如果这样空等下去，三条实美等公卿和长州藩藩主及其家臣的冤屈昭雪之日遥遥无期。我主张应该尽快上京向朝廷陈情。

土方久元等批驳宫部鼎藏，而三条实美等好言慰藉宫部鼎藏。宫部鼎藏等不服，称病不出。这时，萨摩藩开始和松平春岳接近。萨摩藩和会津藩之间也产生了矛盾。鸟取藩藩主池田庆德上书为长州藩辩护，长州藩的声望开始在京都有所提高。元治元年（1864年）二月二十五日，德川幕府传达朝廷下达的敕令，将毛利氏支族的吉川经干及他的一个家臣叫到大阪。元治元年三月五日，劝修寺住持传达敕令，让毛利敬亲到京都上书陈情。之后，鸟取藩、福冈藩、肥后藩等藩的藩主都劝说毛利敬亲上京。于是，毛利敬亲派国司亲相、来岛又兵卫率领两百人马进京。接着，毛利敬亲、毛利元德也打算进京。这时，久坂玄瑞等回到长州藩报告京都的动向。于是，毛利敬亲、毛利元德延期进京。此时，坊间风传外国军舰要炮轰下关。长州藩在海岸各处修建炮台，加强海防工作。长州藩的志士们精神激奋，主张做好将长州藩化为焦土的心理准备，迎击东西之敌。一直寓居长州藩的三条实美等公卿写信给周围的各藩国，劝这些藩国支援长州藩。与此同时，三条实美等巡视海岸炮台，勉励将士们积极防守。此时，锦小路赖德吐血而死。德川家茂上京，公武之间的关系越来越亲密。劝修寺住持将朝廷发给德川家茂的敕令及德川家茂对敕令的答复的副本送到长州藩。留守京都的长州藩藩士和鸟取藩、安艺等藩国的藩士将朝廷命德川幕府征讨长州藩的敕令的副本秘密送到长州藩。获悉德川幕府将要征讨长州藩后，长州藩上下群情激愤，怒发冲冠，德川幕府和长州藩剑拔弩张，准备一决雌雄。

第3节 元治元年长州藩袭击京都

长州藩的各界人士同仇敌忾，要和德川幕府决一死战。德川幕府和长州藩互相攻讦，都以奸贼称呼对方。以人体来比喻德川幕府和长州藩的话，可以说，乍一看德川幕府躯干高大，十分强悍，实际上主要器官已经出了很大的问题。长州藩乍一看躯体矮小，但体健无病，是一个壮夫。毛利敬亲派僧人到藩内各地宣扬尊王攘夷的必要性，鼓舞各个阶层的斗志。毛利敬亲将僧人编成一队，僧人除宣讲佛法之外，还要练兵。此外，来岛又兵卫任游击队总督，言行激进，主动请缨，率领游击队杀向京都。毛利元德派自己的家臣高杉晋作劝阻来岛又兵卫。来岛又兵卫不听劝阻，带领游击队进京了。高杉晋作也打算亲自上京打探京都的情况，留了一张纸条就前往京都了。游击队的各个支队认为高杉晋作在主战还是主和上态度不明确，对高杉晋作多有诟病。久坂玄瑞等劝高杉晋作回长州藩。然而，高杉晋作如果回去，会因触犯藩国法规被投入狱中。

元治元年（1864年）二月十三日，公卿们和大名们在京都开会，讨论国事。岛津久光提议说：

> 馆林藩藩主秋元志朝是毛利氏一族，是毛利元蕃的弟弟、毛利元德的哥哥。如今秋元志朝正好在京都，我觉得可以让他从中周旋。

秋元志朝

内大臣近卫忠房、大纳言正亲町三条实爱等赞成岛津久光的提议，这件事情几乎就要定下来了。当天没有参会的德川庆喜不同意这一提议。德川幕府考虑问题的角度和各藩国是不同的。事到如今，如果德川幕府和长州藩讲和，那么德川幕府的地位就与一个大名无异，这意味着德川幕府会失去权威。而后，秋元志朝从中调解，让家臣们在各藩国之间奔走。德川幕府方面的冈谷氏提出了五件事情，让长州藩做出解释：一是长州藩杀死幕府使者；二是长州藩炮轰萨摩藩的船；三是长州藩劝孝明天皇行幸大和；四是长州藩驻京都守卫队从堺町门撤走；五是诱导三条实美等七位公卿出奔长州藩。

毛利敬亲派人答复说：

> 只要幕府允许我长州藩的重臣上京禀奏朝廷，如果过错确实在长州藩，即便朝廷没收长州藩的领地，我们也会遵命。假如朝廷给不出合理的理由就断定长州藩有罪，我们无法说服长州藩士民。

实际上，德川幕府和长州藩的矛盾主要有这些：一是文久三年（1863年）五月十日，长州藩决定攘夷；二是幕府和长州藩争夺小仓；三是长州藩浪人杀死了幕府使者中根市之丞；四是在文久三年八月十八日的政变中，幕府和长州藩政见不同；五是长州藩诱导三条实美等公卿出走；六是长州藩在京都的势力根深蒂固；七是幕府和长州藩对文久三年八月十八日政变前的敕令的真伪看法不同；八是长州藩与会津藩不和；九是长州藩炮轰萨摩藩的船。因为德川幕府和长州藩有上述矛盾，调停无法解决问题。当时，福冈藩内发生内讧，尊王攘夷派处于逆境，中村圆太被投入大狱。福冈藩的十几个志士杀死狱吏，救出中村圆太后逃到长州藩。元治元年（1864年）四月十七日，三条实美写信给福冈藩藩主黑田长溥解释具体情况，消除福冈藩对长州藩的误会。

元治元年四月二十日，朝廷给德川家茂下达敕令，命他讨伐长州藩。长州藩的志士土方久元、中村圆太、真木保臣等来到高田馆和三条实美进行密谋。对马藩的志士平田主马也前来谋划。元治元年四月二十八日，中冈慎太郎

中冈慎太郎

写信给毛利敬亲,汇报京都的情况。久坂玄瑞等回到长州藩,汇报京都的情况,提到会津藩藩士飞扬跋扈、新选组胡作非为之事。久坂玄瑞在敦促三条实美等公卿和毛利敬亲上京的同时,召集真木保臣、中村圆太等开会商议此事。于是,上京的长州藩人越来越多,尊王攘夷派势力逐渐恢复。

肥后藩的松田重助、宫部鼎藏和长州藩的吉田稔麿等多名志士聚集在京都三条通池田屋客栈密谋大事,做出了下述决定:"举兵后火烧久迩宫朝彦亲王的府邸,乘势打退公武合体派,进攻会津藩的黑谷大营,推举有栖川宫炽仁亲王和鹰司辅熙出来主政。"之前,真木保臣、平野次郎及萨摩藩的激进派曾计划在关白九条尚忠的家中放火,并进攻京都所司代酒井忠义,推举会津藩、

近藤勇

萨摩藩派的久迩宫朝彦亲王、近卫忠熙出来主政，赶走长州藩等的激进派。松田重助等其实是在模仿之前真木保臣等的做法。新选组的近藤勇等获知这个消息后，禀报给京都守护。与此同时，近藤勇让部下山口蒸扮作药材商住在池田屋，又让京都所司代的部下渡边幸左卫门扮作乞丐，躺在池田屋的房檐下，观察长州藩志士们的一举一动。元治元年（1864年）六月，长州藩志士们谋划停当后，订立盟约，参加者有七八十人。元治元年六月五日夜里，宫部鼎藏等二十二人聚集在池田屋楼上。这时，京都守护派会津藩、桑名藩、彦根藩、松山藩的士兵围住池田屋，近藤勇等七八十个新选组成员上楼逮捕长州藩志士们。长州藩志士们殊死搏斗，却寡不敌众，宫部鼎藏等战死，有的人受重伤后自杀，山田虎之助等被俘，和田义亮等逃到长州藩藩邸。之后，德川幕府的密探四处搜捕漏网之鱼。

池田屋事件之后，长州藩上上下下更加激愤。长州藩藩主及其家臣决定亲自上京陈情，如果冤情得不到申诉，就出兵消灭公武合体派。三条实美等公卿虽然对长州藩的庇护感恩戴德，但不希望长州藩在京都动武，惊扰圣驾，主张以上书的方式来解决问题。然而，事到如今，德川幕府即将以讨贼的名义征讨长州藩。三条实美等公卿意识到："对于长州藩来说，与其坐以待毙，不如主动寻找出路。"于是，三条实美等公卿也赞成长州藩的决定。在长州藩，主战论占了绝对优势，士气旺盛。

当时，朝廷将政务全部委托给德川幕府。在决定征讨长州藩之后，朝廷已经不再理会追究长州藩藩士的违法行为了。元治元年（1864年）六月十五日至六月十七日，土佐藩志士楠木文吉郎等和长州藩志士真木保臣、久坂玄瑞、中村团太等率领人数不等的人马前往京都，同时写信给尾张藩、纪伊藩、水户藩、肥前藩、鸟取藩等藩国的志士，邀他们一同前往京都。德川庆喜的哥哥池田庆德为了化解德川幕府和长州藩的矛盾，尽了最大的努力。而德川庆喜是征讨长州藩的强硬派。当时，驻京都的各藩重臣尽力镇压浪人们和志士们。长州藩藩士率领各藩的浪人来到山崎。听说这个消息后，京都市民人心惶惶，妇女、老人和孩子们都到乡下去避难，混乱不堪。孝明天皇和公卿们对此十分担忧。一条实良、大原重德、正亲町三条实爱等三十八位公卿联名上奏，请求允许长州藩派人上京陈情并宽恕长州藩，对三条实美等公卿只追究他们逃走之罪就行了。各藩国的藩主及藩士们担心京都遭受战火，纷纷开始从中斡旋。福冈藩、鸟取藩、冈山藩、对马藩等藩国的藩主同情长州藩，纷纷上书朝廷和德川幕府，为长州藩和三条实美等公卿申冤，要求宽大处理他们。德川幕府中因迫于形势赞同这一主张的人有很多。然而，松平容保和德川庆喜坚决反对这一主张。朝廷已经决定将政治事务完全交由德川幕府处理，而德川幕府决定征讨长州藩。

与此同时，长州藩志士们已经逼近京都。事到如今，朝廷和幕府都不能再论幕府和长州藩的是非曲直并宽恕长州藩了，如果因为志士们的恐吓而改变原来的决定，朝廷和幕府的威信就会荡然无存，还会被朝野笑话怯懦。支持长州藩的公卿和藩国的建议也不是没有道理，但当时德川庆喜、松平容保、松平定敬在京都握有主导权，不可能采纳这些势力的建议。德川庆喜进宫上奏孝明天皇：

>　　长州藩的人飞扬跋扈，胆大包天，以武力胁迫京都，完全没有把朝廷和幕府放在眼里，令人发指。假如朝廷因被长州藩的兵力吓破了胆，答应长州藩的要求，那么朝廷和幕府的权威就会扫地。朝廷可以给长州藩下达敕令，命长州藩暂时退兵至大阪，并派几名代表，脱去戎装，身穿礼服上京。之后，我们再讨论宽恕长州藩的问题也不算晚。如果长州藩不遵朝命，依然以武力压迫京都，就只能让集结在京的大名及守卫京都的部队与长州藩的士兵决一死战。

孝明天皇认为德川庆喜说得有道理，就按照这个建议采取了措施。这时，其他藩国的志士们和浪人们从四面八方赶来支援长州藩志士们，在山崎和嵯峨列阵。长州藩志士们主张："不管朝廷下达什么敕令，都体现了幕府的意愿，并非真正的敕令，一步也不能退。"战争一触即发。德川幕府赶紧派人到伏见奉行所打探长州藩的消息。

当时，在应该帮助长州藩还是德川幕府问题上，萨摩藩采取了慎重态度。萨摩藩内部主张公武合体的首领中山中左卫门已经不问藩政。倒幕派首领西乡隆盛手握萨摩藩实权，人在京都，对长州藩表示同情。不过，西乡隆盛认为：

>　　长州藩的举动轻率、粗暴，现在还不是帮助长州藩、参与长州藩行动的时候。不过，萨摩藩可以资助长州藩，并向长州藩提出合理的建议，将来再和长州藩联手。德川幕府是不会推行彻底改革的，必须推翻。必须早日制订大方针。

因此，萨摩藩不为所动，致力于养精蓄锐，提高藩国的综合实力。由此可见，西乡隆盛有先见之明。

元治元年（1864年）六月七日，潜伏在京都的浪人们于拂晓时分来到伏见长州藩藩邸，加强藩邸的守备。长州藩藩士将藩邸的志士们编成两队，由六十多岁的来岛又兵卫任总督，总人数有一百五六十人。来岛又兵卫率领队伍从伏见长州藩藩邸出发，经川圣寺来到上嵯峨，在天龙寺扎营。由于形势紧迫，京都所司代率兵守卫皇宫。德川庆喜和松平容保进宫请示孝明天皇如何应对长州藩的进攻。在京的各藩藩主听到警报后慌忙带兵进宫。朝廷命京都守护和京都所司代加强宫门和京都九门的守卫。元治元年六月七日夜里，京都平安无事。元治元年六月八日拂晓，各藩藩主将兵马撤出皇宫，只有松平容保守卫皇宫。元治元年六月九日，留守京都伏见的长州藩藩邸的家臣福原氏通过劝修寺住持上书朝廷，陈述长州藩的冤情，说长州藩志士们举兵是为了清君侧。元治元年六月九日，朝廷召德川庆喜入宫，命其采取对策尽速让长州藩

来岛又兵卫

退兵。德川庆喜领命之后召集幕府有司商议对策，又将敕令的副本遍示在京的各藩藩主，让他们献计献策。之后，德川庆喜派人带着敕令到伏见长州藩藩邸答复福原氏说：

> 朝廷已经受理了你们的陈情，群臣正在就此事进行讨论，但意见分歧很大。朝廷希望你们撤走聚集在山崎、嵯峨的部队，静候朝廷的答复。

聚集在山崎、嵯峨的志士们中，来自越后藩的志士们同意遵守敕令。其他藩国的志士们主张再次上书陈情。元治元年（1864年）七月六日，长州藩的益田亲施率兵六百人东上，于元治元年七月十四日来到男山并扎营。这时，有人回到长州藩劝说三条实美等公卿和毛利敬亲带兵上京。三条实美等公卿和毛利元德带兵走海路上京。

益田亲施

当时，在朝廷中，公卿们主和，德川庆喜主战，一时间无法形成决议。近卫忠熙对此深感忧虑，下令萨摩藩将西乡隆盛召到朝廷，让西乡隆盛发表意见。西乡隆盛说：

> 长州藩口口声声说向朝廷陈情，但已经出兵，打算攻打京都。这实属胁迫朝廷。我希望朝廷采纳德川庆喜的建议，命令长州藩静候朝廷的决定。然而，长州藩藩士不遵奉朝命，打算发兵。其罪状昭然若揭。朝廷应该堂堂正正下令让各藩讨伐长州藩，名正言顺，出师有名。

于是，朝廷决定采纳主战派的建议。德川庆喜任禁里御守卫总督，受朝廷委任，德川庆喜有权处理一切事宜。

此时，幕府高层的人事发生了变动。久世氏、太田氏等谋划削弱德川庆喜的权力。德川庆喜对此非常不满。为了表示抗议，德川庆喜开始主张宽恕长州藩，不急于处置长州藩，屡屡派人劝说福原氏等退兵。然而，福原氏等根本不听劝告。德川庆喜又让在京的鸟取藩、冈山藩、安艺藩、福冈藩、对马藩、津和野藩等藩的藩主劝说福原氏。对马藩和长州藩关系亲近，安艺藩、鸟取藩、长州藩是好邻居，都从中周旋。然而，西乡隆盛主张征讨长州藩。

因德川庆喜迁延时日，没有征讨长州藩。长州藩志士们秘密地和被朝廷幽禁的公卿们取得了联系，制订了下述计划：

> 让同情长州藩的公卿们进宫，劝说天皇改变朝廷的决定，让长州藩、鸟取藩、冈山藩等藩国的士兵取代支持公武合体派的各藩国士兵把守宫门。

元治元年（1864年）七月十八日，真木保臣、久坂玄瑞等潜伏在鹰司辅熙的府邸，有栖川宫炽仁亲王、鹰司辅熙、正亲町三条实爱等计划等到天黑进宫见驾。这种做法和文久三年（1863年）八月十八日政变的做法如出一辙。然而，久迩宫朝彦亲王获悉这个情况后，急忙告诉了近卫忠熙、二条齐敬、德川庆喜、松平容保、松平定敬等公武合体派。这些人赶紧进宫见驾，并加强了京都九门的防卫。尊王攘夷激进派的计划以失败告终，朝廷决定讨伐长州藩，并进行了如下部署：大垣藩士兵做攻打伏见街道的先锋，彦根藩、会津藩、桑名藩等藩国的士兵为后续部队；宫津藩、郡山藩、津藩、小滨藩的士兵负责攻打山崎；萨摩藩、福井藩等藩国的士兵负责攻打天龙寺；其他各藩的士兵负责策应和后援。长州藩志士真木保臣等打算先发制人，尽管久坂玄瑞等认为这样做不利，最终却不得不同意。

元治元年（1864年）七月十九日，长州藩一方的总督益田亲施率领数百人从山崎天王山下来，准备进攻京都。益田亲施等走到半路听到伏见方向响起了枪声。福原氏带着人马打算从伏见街道入京，来到稻荷神社附近时，和大垣藩的士兵发生冲突。福原氏这一队人马有三百余人，里面没有一名浪人，都是长州藩藩士。结果，福原氏这一队人马被打败后退到伏见。在元治元年七月十九日辰时，益田亲施率领天王山的士兵来到鹰司辅熙的府邸。福冈藩、会津藩、尾张藩、水户藩、纪伊藩、桑名藩等在京的各藩国士兵都奉命逐渐退到驻地，守卫各个宫门。此时，长州藩一方的国司亲相从嵯峨进军，总共有五百多人。国司亲相的这支部队虽然打败了德川庆喜的火枪队，但受到萨摩藩士兵的袭击后败退。来岛又兵卫率兵打算进入凝华堂，遭到会津藩士兵的阻击。儿玉小民部带兵前来援助来岛又兵卫，再次逼近凝华堂，与会津藩士兵激战很久。萨摩藩士兵击败国司亲相的部队后前来援助会津藩士兵，直冲来岛又兵卫的中军。来岛又兵卫率军奋力厮杀，但寡不敌众。来岛又兵卫中弹落马而亡。长州藩士兵失去了首领，队形大乱。桑名藩、松山藩、彦根藩、高松藩及德川庆喜等的士兵也围了上来。长州藩士兵终于抵挡不住，退到宫门以外的区域。此时，官兵担心长州藩的败兵藏匿在百姓家中，在宫门外放火。这导致烈焰腾空，京都街市大半被烧毁。在山崎天王山扎营的真木保臣、久坂玄瑞率领的一队人马来到堺町门时，被福井藩士兵挡住了，只好从鹰司辅熙府邸的便门进

国司亲相

去。松江藩的士兵拦住了真木保臣等的去路。鹰司辅熙和儿子一起逃向宫里。这时,各藩国士兵包围了鹰司辅熙的府邸,久坂玄瑞等身负重伤,长州藩的各路人马全部溃败。

益田亲施登上天王山山顶,观察长州藩士兵和朝廷部队的战况,过了巳时,长州藩的三路人马都逃回天王山。国司亲相、儿玉小民部、木户氏等生死下落不明。来岛又兵卫和许多士兵战死,福原氏负伤后向西逃去,伏见长州藩藩邸也被烧毁。听到这些消息后,益田亲施十分震惊,意识到敌兵很快就会追过来,于是率领残部离开天王山,向西逃去。真木保臣等率领残兵败将回到天王山时,益田亲施已经撤走了。真木保臣的残兵败将只有二百多人,他们休息一夜之后召开军事会议。在会上,很多人主张应该死守天王山,等待三条实美、毛利元德等带兵前来。真木保臣说:

> 现在只剩我们这么一点人马,如果死守,一天也守不住。此外,假如毛利元德和三条实美等公卿听说我们战败,他们会半路返回长州藩。现在死守天王山并非明智之举。白白死在这里算不上忠

君报国。因此,我们不如先离开这里,以图东山再起。我是这次起事的首领,率领你们进京为三条实美等公卿和毛利敬亲申冤。没想到败得如此惨烈,我没有颜面回去见众人了。你们年轻有为,可以回到长州藩为攘夷尽力,挽回勇士的面子,不要因为一次失败就气馁。我已经身负重伤,走不动了,我决心死在这里,和你们诀别。

很多士兵挥泪下山去了,山上只剩下真木保臣等二十一个人。真木保臣派和田义亮回长州藩向毛利敬亲和三条实美等公卿报告这里的情况。这时,会津藩的五百名士兵、新选组、桑名藩的部分士兵前来攻山,真木保臣等十七人炮轰敌人之后,纵火自焚。官军收拾武器、杂具、粮食之后,交给了山崎驿站。文久三年(1863年)以来,德川幕府逮捕了激进党的三十三名志士,关押在京都的监狱里。元治元年(1864年)七月二十一日,德川幕府处死了这三十三名志士。

长州藩藩士袭击皇宫时,炮声隆隆,炮弹乱飞。公卿们躲在宫里,吓得魂不附体,十分狼狈。有的公卿建议保护着孝明天皇离开皇宫。尾张藩、会津藩、桑名藩等藩国的藩主坚决反对。这时,德川庆喜也来到宫里。公卿们主张与长州藩和谈。德川庆喜大怒,说道:"长州藩藩士向皇宫开炮,已经是朝敌。和朝敌讲和,允许毛利氏入京,属于本末倒置的谬论。事已至此,征讨长州藩势在必行。"

第8章

文久元治年间的内政外交

第1节 准备征讨长州藩

长州藩攻打京都失败之后,越来越被动。长州藩志士们此举完全出于尊王攘夷的赤忱,但向皇宫开炮,惊扰了圣驾,被世人骂作"暴举"。正是因为这个原因,长州藩被贴上了"朝敌"的标签。尽管德川幕府对长州藩恨之入骨,但对征讨长州藩还是心存疑虑的。长州藩成为朝敌之后,即便是同情长州藩的公卿、大名也不能再替长州藩说情了。胜者为王,败者为寇,这是千古的至理名言。长州藩进攻京都时,各藩国防守京都。尽管各藩国藩主的勤王动机不同,但长州藩入侵京都以失败告终了。毫无疑问,长州藩已经被当作贼寇了。此后,支持长州藩的公卿们全部被免职,公武合体派完全掌握了朝廷的实权。元治元年(1864年)七月二十二日,朝廷下诏征讨长州藩。元治元年七月二十三日,德川幕府下令福冈藩、鸟取藩、冈山藩、津山藩、肥后藩等二十一个藩协助幕府征讨长州藩。元治元年八月三日,长州藩藩主毛利敬亲及世子毛利元德将谢罪书呈递给朝廷。然而,这一措施为时已晚。长州藩进攻京都失败之后,朝廷下令德川幕府征讨长州藩,任命德川庆喜和松平春岳为征讨长州藩的正副总督,命会津藩、桑名藩的部队为先锋。会津藩、桑名藩、萨摩藩派人到福井藩敦促松平春岳进京。西乡隆盛派海江田信义与松平春岳的家臣中根雪江商议劝说松平春岳上京任职一事。西乡隆盛将京都发生的这一切变化写信告知大久保利通。

第2节　生麦事件及英国军舰攻击萨摩藩

前面讲过岛津久光奉朝廷之命与敕使大原重德前往江户，为改善德川幕府和公卿们的关系而奔波。完成使命之后，岛津久光于文久二年（1862年）八月二十一日离开江户，经东海道前往京都。当岛津久光经过武州生麦村时，几个英国人骑马横穿岛津久光的队伍。岛津久光的扈从大怒，斩杀了其中的一个英国人，另外三个英国人受伤。当时的神奈川奉行阿部氏派手下查找凶手，并通知岛津久光在事情查清楚以前不能离开这里。岛津久光不听劝告，扬长而去。德川幕府为了讨好萨摩藩和岛津久光，并未追究岛津久光的责任。

德川幕府的这一做法触怒了英国人，英国代理公使约翰·尼尔通过书信和面谈方式屡次要求德川幕府处理凶手。然而，德川幕府对萨摩藩无可奈何，每次都用各种理由搪塞约翰·尼尔，这使谈判进展缓慢。因此，约翰·尼尔向英国政府汇报了这个情况，请求英国政府对日本施加压力，以便开启正式谈判。文久三年（1863年）二月，数艘英国军舰来到横滨，向德川幕府发出最

生麦事件

约翰·尼尔

后通牒,提出了下述两个条件,并要求德川幕府认真谈判:其一,日本政府要为对英国国民犯下的罪恶向英国赔偿十万英镑;其二,日本政府要出具请求英国赦免日本对英国国民所犯罪行的正式文件。

英国政府给德川幕府二十天时间就上述两个条件做出明确答复。当时,征夷大将军德川家茂已经上京,留守江户的老中们在接到英国政府的最后通牒后不知所措。于是,老中们向德川家茂、朝廷汇报这一情况并请求给出指示。德川家茂和朝廷都没有给出明确的指示,二十天的期限很快就到了。老中们屡次请求约翰·尼尔宽限时日,约翰·尼尔也不想把关系搞僵,就一再答应日方延期的要求。在此期间,日本国内针对英国提的两个条件有以下四种意见:

第一，主张门户开放的一派人认为应该完全接受英国的条件。

第二，尊王攘夷派主张拒绝英国的条件。

第三，攘夷和生麦事件不可混为一谈。为了解决生麦事件，可以赔偿英国十万英镑。攘夷问题可以通过谈判慢慢解决。

第四，在日本，假如有人横穿大名的队伍，格杀勿论。这是日本自古以来的习惯。在生麦事件中，日方的做法是合理的。因此，应该拒绝英国提出的上述两个条件。假如英国诉诸武力，正好可以给日本攘夷提供绝佳的机会。

最终，老中小笠原长行向英国支付了赔款后，这件事情才告一段落。约翰·尼尔在与德川幕府的谈判结束后，向萨摩藩提出了两个要求：其一，萨摩藩的凶手杀死了英国人查理斯·理察逊和黑尔二人，还要袭击和查理斯·理察逊在一起的女士和绅士。萨摩藩应迅速逮捕并审问带头的几个凶手，并在一名或数名英国海军士官的面前将凶手斩首。其二，向被杀害的英国人的亲属及当时免遭杀害的英国人赔偿二万五千英镑。

为了就上述两个条件和萨摩藩进行谈判，文久三年（1863年）七月二十七日，七艘英国军舰来到鹿儿岛海湾，以书面形式向萨摩藩提出了上述两个条件，并且要求萨摩藩在二十四小时以内做出答复。于是，岛津久光和萨摩藩藩主岛津忠义叫来几名藩士，下令说："你等务必重创英国海军将士，缴获这七艘军舰，以此显示我萨摩藩的威武。"四百多名萨摩藩勇士制订计划，调整部署，搭乘八艘小船向英国军舰驶去。江夏喜藏假装是谈判代表，志岐藤九郎负责斩杀英国使节。町田六郎左卫门诈称是岛津氏一族的人，负责向英国人交付答复书，海江田信义等扮作护卫。江夏喜藏一行登上英国军舰开始了谈判。这时，萨摩藩的代表突然接到岛津忠义的命令后回到了岸上。

文久三年七月二十七日夜里，英国军舰劫掠了萨摩藩的四艘商船，并在文久三年七月二十八日早上烧毁了这四艘商船。萨摩藩对英国军舰的这一行为十分愤慨，决定武力攘夷。英国军舰和萨摩藩炮台相互炮轰，战斗激烈。萨摩藩炮台多处被毁。一艘英国军舰退却。这一天风雨交加，炮声隆隆。英国舰队撤退，战斗结束。这一战，英国舰队没有得逞，伺机报复。德川幕府十分担忧

生麦事件后,日英双方进行谈判

英国军舰轰炸萨摩藩

事态恶化，告诫萨摩藩要慎重行事。与此同时，德川幕府请求约翰·尼尔不要再炮轰萨摩藩。文久三年（1863年）九月二十八日，萨摩藩派岩下方平和约翰·尼尔谈判。德川幕府派负责外交事务的官员鹈饲弥一等从中斡旋，促成谈判的成功。

第3节　长州藩实施攘夷与四国舰队炮轰下关

长州藩内忧外患频仍。长州藩遵照朝廷的命令，采取攘夷措施。文久三年五月十日，美国商船通过关门海峡，长州藩向美国商船开炮。文久三年五月二十三日，长州藩炮轰法国船。文久三年五月二十六日，长州藩炮轰荷兰军舰"麦珠萨"号。"麦珠萨"号到达横滨港之后向各国公使汇报了这一情况。美国军舰"怀俄明"号前去侦察，也遭到长州藩的炮轰。于是，美国、法国、荷兰、英国对长州藩的暴行十分愤慨，和德川幕府就此事谈判。德川幕府派中根市之丞到长州藩责问此事，长州藩的人暗杀了中根市之丞，并夺取了其乘坐的"朝阳"号军舰。

因和德川幕府的谈判没有任何进展，白白耗费时日，美国等国的公使直接来到长州藩兴师问罪。当时，德川幕府也痛恨长州藩，希望外国人炮轰长州藩。特别是负责外交事务的幕府官员表面上阻止外国人向长州藩发难，暗中却怂恿外国人教训长州藩。元治元年（1864年）八月二日，美国、法国、荷兰、英国四国的舰队离开横滨港，来到博多的姬岛。当时，长州藩进攻京都以失败告终，长州藩藩士们情绪低落。长州藩藩士们做好了把长州藩化为焦土的心理准备来防御四国舰队的进攻。元治元年八月四日，长州藩各炮台开始炮轰四国舰队。三条实美等公卿打算上阵。毛利元德也到前线督战。尽管如此，长州藩在进攻京都时元气大伤，炮台、军舰等设施落后，根本不是四国舰队的对手。最终，长州藩请求和美、法、荷、英四国媾和，条件如下。

第一，长州藩赔偿美、法、荷、英四国军费。

第二，长州藩允许各国船在濑户内海航行。

第三，长州藩向外国船供应淡水、煤炭等必需品。

第四，长州藩不能在下关修建新炮台。

第五，不允许长州藩修补旧炮台、购置大炮。

第六，外国船的过关费用由日本政府和各国公使确定。

长州藩主张攘夷论由来已久，这次和美、法、荷、英四国交战，长州藩以失败告终，答应了屈辱性的媾和条件。长州藩意识到攘夷是不可能的，开始考虑实施航海通商方案。当时，长州藩的伊藤博文和井上馨正在伦敦留学，在报纸上看到长州藩攘夷的报道后，于文久三年（1863年）五六月回到长州藩，为长州藩与美、法、荷、英四国媾和并签订条约付出了很多心血。美、法、荷、英四国公使委托伊藤博文、井上馨劝说长州藩停战。伊藤博文、井上馨搭乘外国船回到长州藩，通过毛利登人见到毛利敬亲和毛利元德及其家臣。伊藤博文、井上馨在毛利敬亲等面前展开世界地图，讲述了欧美各国的先进与

井上馨

强大，称横滨港有十八艘外国军舰，长州藩的攘夷政策无以为继。伊藤博文和井上馨还说："文明国家都重视对外交流。长州藩应该倡导王政复古，摒弃攘夷论。否则，日本的独立是不可能实现的。"听完伊藤博文、井上馨的这番话后，长州藩内赞成媾和的人多起来，还有一部分人持强硬态度，不同意媾和。长州藩迟迟不能做出决议。伊藤博文、井上馨答复美、法、荷、英四国公使说："长州藩是在奉朝廷的敕令攘夷。我希望各位公使再给一点时间，让长州藩藩主到京都征询朝廷的意见，之后长州藩藩主便会答复各位公使。"美、法、荷、英四国公使对伊藤博文、井上馨的这一答复很不满意。于是，四国舰队炮轰长州藩的炮台。毛利敬亲父子开始倾向于和谈。长州藩的强硬派打算暗杀伊藤博文和高杉晋作，伊藤博文和高杉晋作躲进民宅。井上馨劝说强硬派：

"如果不和谈，长州藩就保不住了。"于是，毛利敬亲委托伊藤博文、高杉晋作和美、法、荷、英四国公使进行和谈。此时，高杉晋作已经是长州藩的重臣，任谈判正使，伊藤博文任翻译，搭乘英国军舰到横滨会见英国公使，讨论赔款事宜。在此之前，德川幕府已经派人和美、法、荷、英四国公使就长州藩之事谈判，决定让长州藩向四国赔偿三百万美元，分六次付清，以此作为四国军舰的派遣费，以及长州藩对四国没有烧毁下关街市的感谢费。

德川幕府的外国奉行竹本正雅自诩足智多谋，爱耍小聪明。竹本正雅一方面和浪人们交往，另一方面迎合幕府高层，以此保住自己的地位。当时，美国在日本没有军舰，美国公使雇用商船，安装枪炮冒充军舰。四国没有烧毁下关街市也是事实，但索要三百万美元的赔偿金实属过分。然而，竹本正雅为了迎合幕府高层痛恨长州藩的心情，借外国人之力惩罚长州藩，不和长州藩打招呼就答应了四国公使的条件。当高杉晋作、伊藤博文等来到横滨时，德川幕府与四国公使的谈判已经结束。四国公使不再理会高杉晋作、伊藤博文等长州藩的谈判代表。因此，高杉晋作、伊藤博文等又回到长州藩。这时，长州藩内的尊王攘夷派和寓居长州藩的尊王攘夷派都不希望和外国进行交流。毛利敬亲和毛利元德写了公开信，内容如下：

> 自从京都发生政变以来，我们长州藩诚心尊王，却被当作朝敌，攘夷成了我们一个藩的事情了。因此，我们不能再进行攘夷了。事到如今，我们只能与外国人媾和，缓解外患。在此基础上，我们再履行尊王的义务，向全日本表明我们的志向。汝等要体会我们父子的深意，听从我们父子的命令，谨慎行事。

长州藩藩士们和三条实美等公卿都对与外国媾和一事不满。鸟取藩也不同意长州藩与美、法、荷、英四国媾和。三条实美等责备毛利元德同意媾和，毛利元德只能搪塞他们说不会与四国媾和的。三条实美等看出了毛利元德的心思，就离开长州藩去劝说安艺藩和冈山藩。

第4节 就关闭横滨港进行谈判

文久年间，生麦事件、确定攘夷期限等外交事件频仍。而到了元治年间，形势发生变化，强烈主张攘夷论的长州藩开始主张门户开放和尊王。萨摩藩也开始和外国交往。表面上主张攘夷论的人有不少，但有识之士和身居各藩的要职者都意识到："与各国交流、通商是不可逆转的世界大势，日本不能逆潮流而动。"不过，任何事物都不是一蹴而就的，而是有一个循序渐进的过程。当时，关闭港口、与外国断交的论调依然甚嚣尘上，德川幕府也承诺遵奉朝命，将关闭港口、与外国断交的时间定为文久三年（1863年）五月十日。德川幕府必须取得实效来证明这一点。德川幕府任命小笠原长行负责和各国公使进行断交谈判。文久三年五月九日，小笠原长行致信各国公使，表明日本要与各国断交的立场并就此进行谈判。这件事情非常棘手，德川庆喜坚决不愿接受谈判委员的任命。小笠原长行率兵入京，朝廷觉得他的这一举动可疑，就免除了他的职务。德川幕府为了向朝廷有个交代，决定先关闭横滨港。文久三年九月十四日，当德川幕府派谈判委员和各国公使提及此事时，遭到了各国公使的强烈反对。德川幕府又任命池田庆德为外国奉行兼谈判委员。文久三年十二月七日，池田庆德搭乘法国军舰从横滨出发，前往欧洲。本来，断交谈判就不合道理，法国政府没有把池田庆德看作断交谈判委员，而是看作谢罪使节。这是因为此前有浪人暗杀了法国人，并且长州藩曾炮轰法国船。在巴黎，法国人劝池田庆德传话给德川幕府，建议德川幕府削藩，实行郡县制。池田庆德一行于元治元年（1864年）七月回到日本。这时，日本国内形势发生了很大变化。德川幕府认为池田庆德一行有辱使命，给予了严厉处罚。

第5节 先期开港问题

安政六年（1859年）六月，德川幕府与美国公使汤森·哈里斯缔结条约，规定："先开放神奈川、长崎和函馆三个港口；万延元年（1860年）

19世纪中期的函馆港湾

十一月开放新潟港；文久二年（1862年）十二月开放江户、大阪、兵库三港。"替代神奈川的横滨、长崎、函馆三个港口如约开放了，而其他港口的开放步履蹒跚。在安藤信正主政时，经过交涉，各国同意其他港口的开放时间延期五年，约定于庆应三年（1867年）十二月准时开港。然而，攘夷论在日本甚嚣尘上。德川幕府忙于内政，无暇顾及开港一事。不仅如此，德川幕府还要求和各国就关闭横滨港问题进行谈判，派使节到了法国。事到如今，是否能够按时开放其他港口不得而知。各国公使对日本国内情况非常熟悉，担心期限到了以后，德川幕府再次要求延期，就想逼迫德川幕府如期开放港口。然而，德川家茂已经到了京都，幕府高层的多数成员也在京都，江户留守人员无法决定大事。各国公使经过商议，决定率军舰到大阪直接和德川家茂谈判，如果还是得不出结果，就直接和日本朝廷谈判。庆应元年（1865年）九月，各国军舰从横滨出发，来到兵库，逼迫日本朝廷下达敕令，在各国指定的时间内开放其他港口。京都和大阪地区人心惶惶。而德川幕府在此前已经从法国公使那里得到各国军舰要来大阪的消息,所以比较冷静。德川幕府意识到不得不答应各国公使的要求。

当时,老中阿部正外陪同德川家茂在大阪。阿部正外来到兵库和各国公使进行交涉。京都流言四起,纷纷传扬阿部正外独断专行,将兵库港对外开放。朝廷大惊,罢免了阿部正外的老中职务,命阿部正外回自己的藩国闭门思过。自德川幕府开设以来,朝廷罢免老中的职位史无前例。德川家茂十分不满,向关白二条齐敬递交辞呈。之后,德川家茂从大阪出发回到江户。临行之时,德川家茂上书朝廷,主张向外国开放兵库港。朝廷大吃一惊,下诏安慰德川家茂,劝他不要辞职,也不要回江户。朝廷召集德川庆喜、松平容保、桑名藩藩主松平定敬、小笠原长行及在京都的萨摩藩、肥后藩、冈山藩、土佐藩、久留米藩等藩国的重臣,让他们开会商议德川家茂的辞呈问题及上书的内容。在会议上,很多人依然主张锁国攘夷,很难做出决议。德川庆喜、小笠原长行也不同意开放兵库港。经过两天两夜的激烈辩论,会议决定拒绝开放兵库港。萨摩藩的大久保利通将会议的决定上奏朝廷。朝廷虽然批准了德川幕府与外国签订的条约,但不允许向各国开放兵库港。各国公使坚决反对日本朝廷做出的这一决定。最终,在外国奉行山口直毅等的努力下,德川幕府向各国公使出具保证书,声明日后一定开放兵库港,老中们在保证书上联名签字。法国公使从中斡旋。在这种情况下,各国公使才率领军舰离开兵库。

各国军舰闯入兵库港,对日本国内造成了巨大的震动。经过多方努力,日本在付出不小的代价后将开放其他港口的时间延期至庆应三年(1867年)十二月。这一点在条约中写得明明白白。然而,各国公使率军舰悍然进入兵库港,通过恫吓的手段达到了目的。就先期开放兵库港的谈判而言,德川庆喜和松平春岳认为这是由于英、法两国公使对日本朝廷的猜忌造成的。尽管当时关闭港口和攘夷是与世界大势相左的,京都的攘夷论依然甚嚣尘上。因此,阿部正外和外国公使密谋,让外国公使率军舰到兵库震慑日本朝廷,逼迫日本朝廷批准条约。

此外,当时德川幕府正倾注全力征讨长州藩。西乡隆盛、大久保利通等倒幕派掌握了萨摩藩的实权。倒幕派想方设法给德川幕府制造麻烦。萨摩藩一边与英国维持友好关系，一边主张攘夷锁港论。大久保利通还建议朝廷禁止向外国开放兵库港。由此可见，西乡隆盛、大久保利通等倒幕派和英国公使勾结，策划了一个天大的阴谋。不管怎么说，先期开放兵库港这件事情里面隐藏着一个阴谋。

第9章

再征长州藩

第1节 尾张藩藩主回藩后的幕府与长州藩的形势

起初，高杉晋作为了逃避危难来到福冈藩，躲在平尾山的山庄。听说长州藩的三个重臣被杀，高杉晋作十分气愤，便于元治元年（1864年）十一月二十五日回到长州藩举事。当时，长州藩部队的人数号称千人，实际上只有七八百人，日益衰落。部队里的河濑真孝等对这种状况十分担忧，想通过哗变从支持幕府守旧势力的恭顺派中夺取兵权，改变现状。因此，河濑真孝等找高杉晋作商量对策。表面上，高杉晋作说这种行为过于鲁莽，劝他们打消这个念头。然而，元治元年十二月十五日，高杉晋作劝说长州藩部队的一位首领御堀耕助当夜袭击马关官署。此时，长州藩的奇兵队及其他部队的总督获悉了这一情况，予以劝阻。御堀耕助听从了其他部队的总督提出的劝告，派人通知高杉晋作中止当晚的行动。高杉晋作不听。奇兵队军监山县有朋也认为分散长州藩部队的力量是错误的，劝高杉晋作另找时机，一起举事。高杉晋作没有答应，单枪匹马来到马关。高杉晋作决定将伊藤博文率领的力士队合并到游击队中后举事。元治元年十二月十六日夜里，高杉晋作、伊藤博文率领四五十人到功山寺，与住在那里的三条实美等告别。之后，高杉晋作一行在元治元年十二月十七日拂晓夺取了马关官署。

之后，高杉晋作带领十七名敢死队队员赶赴三田尻，说服"癸亥丸"号船的船长与自己合作，夺取了三艘船回到马关。高杉晋作又招兵买马，向整个长州藩发出檄文，列举恭顺派的种种罪行。此时，长州藩部队非常混乱，士兵们不知所措。长州藩藩主毛利敬亲派粟屋带刀率兵到军中整顿部队，稳定军心，要求他们听从朝廷和德川幕府的命令，并派追讨军诛杀军中的反对派。军中的一些士兵对粟屋带刀不满，议论纷纷。这时，山县有朋建议："我们表面上假装对粟屋带刀恭顺，可以趁其不备除掉他。"于是，反对粟屋带刀的士兵们对追讨军说："再给我们一些时间，让我们考虑是否归顺粟屋带刀。"追讨军答应了这一条件，在绘堂扎营，等待答复。反对派的士兵们写好答复信，悄悄包围了绘堂的追讨军营地，之后让人将答复信呈递给粟屋带刀。粟屋带刀正在看信时，四面八方响起炮声，粟屋带刀带着追讨军狼狈地逃到荻去了。高杉晋作的士兵也一起追赶粟屋带刀的败兵，与太田氏的部队发生激战，最后战胜了太田氏的部队。恭顺派的部队退缩城中。恭顺派的反对派以山口为根据地，占领了三田尻、小郡、长府一带。杉德助等在荻成立中立队，在其他起事部队的帮助下夺取荻城，声明拥护毛利敬亲、毛利元德。主战派在长州藩占据了主导地位。德川庆喜等幕府重臣对征讨长州藩总督德川庆胜征讨长州藩的结果并不满意，并且长州藩的形势发生了变化，对德川幕府没有丝毫的恭顺之意。德川幕府命跟随德川庆胜一起征讨长州藩的老中稻叶正邦停职，回自己的藩国反省。

主战派在长州藩占主导地位之后，摒弃了主张遵奉幕府命令的恭顺派的政策，下定决心讨伐幕府。在第一次讨伐长州藩后，德川庆胜采取了下述措施：其一，命令长州藩拆毁山口新城；其二，命令毛利敬亲杀掉反对幕府的三个家臣；其三，命令毛利敬亲和毛利元德闭门思过。德川庆胜认为，这三个命令长州藩都照办了，说明长州藩已经投降，不再对抗征讨军，开始遵奉朝廷的命令。德川庆喜、松平容保等幕府重臣认为："对长州藩的处理过于宽大，应该进一步进行处罚，以示对不服从幕府命令的大名的惩戒，以儆效尤。长州藩如果不遵命，再次进行征讨。"多数幕府官员赞成德川庆喜、松平容保的这一主张。德川庆胜和福井藩藩主松平茂昭、冈山藩藩主池田茂政上书德川幕府，反对再次征讨长州藩。然而，德川幕府一意孤行，决定再次征讨长州藩。德川幕府和长州藩的矛盾越来越深，最终发展到兵戎相见的地步。

庆应元年（1865年）正月三日，德川庆胜离开广岛大本营，搭乘"大江丸"号军舰回到尾张藩。庆应元年正月三日，德川幕府派大久保氏和山口氏二人到广岛，向德川庆胜传达老中们联名签发的命令，这时德川庆胜已经离开了广岛。于是，大久保氏和山口氏二人骑马奔驰到本乡驿站，向德川庆胜传达幕府的命令，让德川庆胜将毛利敬亲和毛利元德押送到江户。德川庆胜回信说："恕难从命。"幕府重臣和德川庆胜在惩处长州藩的问题上发生对立。于是，德川庆胜上奏朝廷，请朝廷就此事做出裁决。朝廷赞成德川庆胜的处理方法。

庆应元年二月五日，德川幕府命令德川庆胜、德川庆喜、松平容保、桑名藩藩主松平定敬将三条实美等公卿及毛利敬亲和毛利元德押送到江户。德川幕府和德川庆胜就如何处罚长州藩已经有分歧，九州五个藩国的藩主上书朝廷，替长州藩说情。德川庆胜不会进一步惩罚长州藩，德川幕府深知这一点，于是决定自己来做这件事情。庆应元年二月一日，德川幕府任命酒井忠绩为大老，命阿部正外和松平宗秀上京。

当时，德川幕府憎恨长州藩和萨摩藩。身在京都的德川庆喜和长州藩、萨摩藩的关系也很差。在进一步惩罚长州藩的问题上，德川庆喜和幕府重臣之间有分歧，但在再次征讨长州藩的问题上，德川庆喜、松平容保、松平定敬和幕府重臣意见是一致的。庆应元年二月二十三日，幕府命冢原氏前往长州藩谴责毛利敬亲父子。冢原氏视察了长州藩的实际情况后，向毛利敬亲提出了诸多改正意见。德川幕府对冢原氏的这一做法并不满意。德川幕府与长州藩的矛盾不断激化，有些幕府重臣主张德川家茂亲自挂帅征讨长州藩。庆应元年四月，德川幕府命德川茂德为先锋，于庆应元年五月十六日随德川家茂一起征讨长州藩。四名幕府老中联名发布了这一决定。

第2节 幕府决定再征长州藩

当时，德川幕府认为一味遵从敕令的做法是不正确的，应该有自己独立的方针政策。于是，德川幕府开始严格执行参勤交代制度。德川庆胜对长州藩的处罚非常宽大，导致幕府的不满。德川幕府命德川庆喜等将毛利敬亲和毛利元德押送至江户，进一步进行处罚。德川茂德致信老中牧野忠恭，指出押解毛利敬亲父子到江户的做法欠妥。德川幕府根本不予采纳，而是采取了下述措施：其一，幕府要自强自尊；其二，德川家茂不再上京，德川庆喜、松平容保、松平定敬不再常驻京都；其三，禁止外藩部队守卫京都九门，派幕府的四个步兵大队取代外藩部队；其四，让阿部正外、松平宗秀带着黄金上京。

然而，德川幕府的上述措施只考虑到了幕府的利益，没有注意到形势的变化，是注定不会取得成功的。朝廷不断敦促德川家茂上京，并让京都所司代传达敕令："任命德川茂德为先锋，与德川家茂于庆应元年（1865年）五月十六日出兵征讨长州藩。"德川幕府和长州藩的矛盾已经不可调和，双方剑拔弩张，一触即发。萨摩藩认为德川幕府再次征讨长州藩师出无名，竭力阻止朝廷下达再次征讨长州藩的敕令。然而，在朝廷里佐幕派势力很大。庆应元年五月二十三日，德川家茂上京入宫，得到了再次征讨长州藩的敕令。庆应元年五月二十五日，德川家茂来到大阪，与部下讨论如何处置长州藩。庆应元年九月二十一日，德川家茂上京禀奏对长州藩的处置方案。恰巧此时，美、英、法、荷四国公使率军舰来到兵库，要求日本提前开放长崎、横滨、函馆以外的几个港口。萨摩藩的大久保利通上书关白二条齐敬，主张不应开放兵库港。当时，各藩国的志士们都反对德川幕府的措施。

庆应元年十月一日，德川家茂递交辞呈。朝廷不同意德川家茂辞职。德川幕府将朝廷的这一决定通告给各藩，以示朝廷对幕府的信任。德川幕府做了两手准备：一是战；二是和。德川幕府遣使至广岛，宣布长州藩的罪行，同时做好征讨长州藩的准备。老中小笠原长行来到安艺藩的广岛，要求长州藩废立藩主并削减长州藩领地。长州藩拒绝执行德川幕府的命令。于是，小笠原长行下令四面出击，进攻长州藩。

第3节 长州藩的应战决心和准备

高杉晋作回到长州藩之后,长州藩的风气变好了,士气大振,下定决心与德川幕府决一死战。木户孝允、伊藤博文、井上馨为了搞好长州藩和萨摩藩的关系而奔走。与此同时,伊藤博文和井上馨与木户孝允商议,借萨摩藩的名义派人到长崎向英国人购买枪炮和军舰。之后,伊藤博文和井上馨又来到福冈藩的博多,与三条实美等公卿会谈之后,和土佐藩藩士谷晋氏一起前往长崎。当时,长州藩的海军局长反对伊藤博文、井上馨的上述做法。高杉晋作、木户

木户孝允

孝允等在两派之间调和。庆应元年（1865年）七月二十一日，伊藤博文、井上馨到达长崎。在到达长崎之后，在谷晋氏的介绍下，伊藤博文、井上馨结识了土佐藩海援队的千屋虎之助等，并和他们商议购买枪炮、军舰之事。这些土佐藩海援队的志士们认为萨摩藩、长州藩联盟的时机已经成熟，从中斡旋。伊藤博文和井上馨见到了萨摩藩的小松清廉，劝他协助长州藩。小松清廉让伊藤博文、井上馨潜伏在萨摩藩藩邸，之后小松清廉为长州藩购买枪炮、军舰奔波。在小松清廉的介绍下，伊藤博文和井上馨见到了英国军火商汤玛士·布雷克·哥拉巴，以萨摩藩的名义购买枪炮。接着，井上馨和小松清廉一起乘坐萨摩藩购买的军舰前往鹿儿岛，伊藤博文留在长崎购买军舰。之后，伊藤博文和萨摩藩、土佐藩的藩士们一起将购买的枪炮装到新购买的军舰上，回到长州藩。长州藩和萨摩藩的联盟进展很快。长州藩购买了武器，士气旺盛。幕府进军长州藩，逼近藩界。长州藩藩士们认为坐以待毙是下策，于是向朝廷上书，并向日本全国发出檄文，以博得同情。接着，长州藩主动出击。当时，德川幕府征讨长州藩师出无名，并且幕府内部意见不统一，这导致德川幕府一再丧失良机。德川幕府无论在士气上还是在抢占先机上，都输长州藩一筹。

德川幕府派人通知毛利氏一族的淡路守毛利到大阪，淡路守毛利却称病不来。庆应元年十一月二十一日，德川幕府派永井主水正等到广岛责问长州藩不遵幕府和朝廷的命令。长州藩的穴户氏进行反驳，对幕府使者永井主水正等毫无惧色。永井主水正等拿长州藩没有办法，回江户复命了。穴户氏等留在广岛，一边等待幕府的指示，一边拜托安艺藩从中斡旋。之后，小笠原长行来到广岛。穴户氏向小笠原长行陈述长州藩的实际情况，抗议幕府的蛮横。小笠原长行命人拘禁了穴户氏，让安艺藩藩主处罚穴户氏，安艺藩藩主找理由拒绝了小笠原长行的要求。德川幕府和长州藩的谈判终于破裂。长州藩上书朝廷，陈述自己的冤情。此外，长州藩致信各藩国，陈述冤情。德川幕府派小笠原长行到小仓，将列举长州藩各种罪状的信函派人交给英国公使和法国公使，强调征讨长州藩是不得已而为之的。

第4节　幕府和长州藩交战及停战谈判

学术界有很多书详细描述了德川幕府第二次讨伐长州藩的战况，本书不再赘述。不过，这场战役对维新史的研究意义重大，所以本书大致予以描述。庆应二年（1866年）六月七日，日本朝廷下诏再次征讨长州藩。这一天，德川幕府的军舰炮轰长州藩的南边海岸，幕府军上岸劫掠长州藩大岛郡的村落，长州藩人心惶惶。德川幕府向长州藩发起进攻的消息很快就被报告给长州藩的高层。长州藩各地都与幕府军交火。此时，高杉晋作任"丙寅丸"号军舰舰长，炮轰德川幕府的四艘军舰。长州藩奇兵队的林友幸等专门统领海军与幕府军作战。在石州口，长州藩南围队的主力与滨田藩的部队对阵，并打败了滨田藩的部队。在艺州口，长州藩游击队打败了幕府军先锋彦根藩的部队。在九州方面，长州藩奇兵队跨过海峡，击溃了小仓藩的部队。津和野藩的部队投降长州藩。滨田藩的小仓被长州藩的部队攻陷了。长州藩在陆地上和海上都取得了胜利。

坐镇大阪的幕府重臣们听说征讨长州藩的幕府军战败了，都大吃一惊。这时，德川家茂患病，当天不治而亡。幕府重臣们一阵大乱。德川幕府让德川庆喜继任征夷大将军，接着把德川家茂过世一事公告天下。德川幕府将德川庆喜继任征夷大将军一事上奏朝廷。庆应二年十二月五日，朝廷派敕使到二条城宣布任命德川庆喜为征夷大将军。之后，德川庆喜开始处理征讨长州藩的善后事宜。

第二次征讨长州藩的幕府军在各个方向均告失败。加之德川家茂去世，德川幕府十分狼狈，只好与长州藩进行停战谈判。德川幕府派胜海舟作为谈判委员。德川庆喜把胜海舟叫到京都，商讨停战谈判一事。胜海舟从大阪乘船，于庆应二年八月二十一日在广岛登陆，并委托安艺藩藩主向长州藩转达德川幕府进行停战谈判的意向。胜海舟打算和长州藩的支藩岩国藩谈判，但听说长州藩派广泽真臣、井上馨等前来谈判。双方于庆应二年八月二十一日在安艺藩严岛大愿寺的书院谈判，达成协议。胜海舟提出下述要求：

胜海舟

　　德川家茂将军过世，欧美列强觊觎日本领土，日本前途堪忧。有鉴于此，我们应该停止内战，否则会重蹈印度的覆辙。今后，我国要实行改革，巩固独立自主的基础。德川庆喜将军念及于此，下令开启停战谈判。

广泽真臣答复说：

　　长州藩毫无掳掠其他藩国之意，也不愿穷兵黩武。如果幕府收兵，改革政权，诚为万民之幸。

广泽真臣

　　胜海舟和广泽真臣所言不掺杂任何私人恩怨，充满忧国忧民之情。德川幕府与长州藩签订停战协议，为日本开启新局面奠定了基础。当时，井上馨拜访胜海舟下榻之处，谈了自己留学英国的经历，说："我日本也应顺应世界大势，宣扬国威。为此，应该发挥尊王精神、开放门户。"胜海舟对此颇有同感。庆应二年（1866年）九月十六日，安艺藩的中井勇次郎带着德川幕府的停战命令来到山口。长州藩在命令上加上理由后将停战命令返还给德川幕府。不过，双方已经在严岛进行了停战谈判，幕府军相继撤退，长州藩没有追击，事实上已经停战。庆应三年（1867年）正月三日，朝廷下令停战，第二次征讨长州藩的战役才宣告结束。

第5节 再征长州藩和外交的关系

社会上对德川幕府再征长州藩有种种议论。值得注意的是，这次战役涉及外交关系。当时，法国和德川幕府关系密切，帮助德川幕府征讨萨摩藩和长州藩。而英国和萨摩藩、长州藩关系亲密，帮助萨摩藩、长州藩对抗德川幕府。此时，法国皇帝拿破仑三世野心勃勃，想在东方外交中获得成功，给自己

法国皇帝拿破仑三世

的政绩锦上添花。因此,法国政府竭尽全力讨德川幕府的欢心。在池田庆德访问巴黎时,法国政府给出了很多忠告。池田庆德从巴黎回来后建议德川幕府讨伐萨摩藩、长州藩。德川幕府虽然没有立即采纳池田庆德的建议,但在施政方针中参考了这一建议。

当时,法国公使莱昂·罗什建议德川幕府剿灭反对幕府的藩国,建立中央集权:

> 长州藩桀骜不驯,幕府应该尽快讨伐。第一次讨伐长州藩时,长州藩投降了。然而,这属于诈降。如果不痛打落水狗,就属于妇人之仁。当今朝廷迟疑不决,长州藩、萨摩藩等强藩必然造反,日本永无宁日。我希望幕府尽早严惩长州藩,如有必要,再次征讨长州藩。我们法国皇帝陛下拿破仑三世洞察世界形势,想在东亚得到日本的帮助,所以愿意诚心诚意帮助日本。我们建议日本开放兵库港,关闭江户港,严守京都,建立起由陆军、海军、会计、学校、宗教、工农业、贸易等各部门组成的政府机构。征夷大将军在大阪接见各国公使,向他们咨询制定针对朝鲜的外交政策。

由此可见,法国对德川幕府非常友好。横须贺造船厂、陆军讲习所、法语学校都是在法国的援助下建成的。水户藩派民部公子到巴黎留学。幕府高层的一部分人主张借法国的力量征讨长州藩。

萨摩、长州二藩曾经和英国兵戎相见。俗话说不打不相识。伊藤博文、井上馨都曾在英国留学。在美、英、法、荷四国舰队炮轰下关时,伊藤博文和井上馨回到长州藩,为双方停战而奔波。长州藩和英国关系亲密。英国公使巴夏礼来日本之后经常来到马关,木户孝允、伊藤博文、井上馨等和巴夏礼过从甚密,计划开放马关和英国进行贸易。

萨摩藩和英国媾和之后,相互尊重,关系融洽。萨摩藩打算开放鹿儿岛湾和英国通商。因此,莱昂·罗什在给德川幕府的建议书中写道:"征夷大将

英国公使巴夏礼

军打算关闭港口，而萨摩、长州二藩遣使英国，打算向英国开放港口。征夷大将军关闭港口，没想到加速了萨摩、长州二藩向英国开放港口的进程。"伊藤博文曾说："长州藩在马关和英国和谈之后，英国提出希望和长州藩通商。英国帮助长州藩倒幕，为明治维新做出了重大贡献。法国帮助幕府。萨摩藩在与英国握手言和之后，交往密切。"实际上，萨摩、长州二藩之所以能够打败幕府军队，是因为从英国那里买到了军舰、枪炮。由此可以看出，德川幕府和长州藩实力的消长与当时的外交有密切关系。

第10章

萨摩藩和长州藩联盟

第1节 萨长二藩联盟的缘起

美国海军将领马休·佩里叩开日本国门之后，一些藩国开始与德川幕府抗争，其中力量最强的就是萨摩藩和长州藩。按理说。萨长二藩应该鼎力相助，共同与德川幕府对抗。然而，文久元年（1861年）发生了寺田屋事件，岛津久光逮捕了长州藩藩士，导致萨长二藩不和。岛津久光陪着敕使大原重德到江户传达敕令，长州藩藩主毛利敬亲故意在岛津久光抵达江户的前一天离开江户，经中仙道上京。萨摩藩对毛利敬亲的这一行为非常不满。长州藩的很多藩士为国事而死，很多藩士因犯重罪被赶出长州藩。萨长二藩的情况不同，对问题的看法自然不同。在岛津久光回到萨摩藩之后，毛利元德随敕使正亲町三条实爱、姊小路公知出使关东，敦促德川幕府进行改革。因此，萨摩藩对长州藩越来越不满。之后，长州藩在朝廷的势力越来越大，几乎可以为所欲为。姊小路公知被暗杀之后，长州藩断定这是萨摩藩的人干的，剥夺了萨摩藩把守宫门的权利。萨摩藩怀恨在心，伺机报复。后来，长州藩想趁势兴兵讨伐幕府，鼓动孝明天皇行幸大和。孝明天皇对长州藩的这一举措不满。萨摩藩抓住这个机会和久迩宫朝彦亲王及会津藩等联手，将长州藩赶出京都。长州藩对萨摩藩深恶痛绝。元治元年（1864年），京都发生暴乱，萨摩藩和会津藩、桑名藩等联手镇压长州藩的志士们。长州藩更痛恨萨摩藩，扬言："萨摩藩的人如果过关门海峡，这里就是他们的鬼门关。"

而今，萨长二藩开始接近，这真是天意。萨长二藩的有识之士意识到二藩必须联手，结成秦晋之好。福冈藩、土佐藩的志士们为萨长结盟从中撮合。日本西部的大藩国基于自身利益的考虑，也希望萨长二藩联手。文久三年（1863年）八月十八日，朝廷解除了长州藩守卫宫门的权利，三条实美等公卿和长州藩守卫队一同回到长州藩。文久三年九月十五日，津山藩、鸟取藩等六个藩国的嗣子联名上书朝廷，建议让萨长二藩言归于好。然而，当时时机尚不成熟，萨长二藩之间的怨恨还没有消除，萨摩藩对长州藩依然恨之入骨。

文久三年十二月二十四日，萨摩藩的轮船经过关门海峡时，长州藩击沉了萨摩藩的轮船，乘组人员二十人毙命。关门海峡真的成了萨摩藩人的鬼门关。之后，长州藩派人到萨摩藩就此事道歉。当时，掌握萨摩藩实权的中山中左卫门被免职，西乡隆盛和小松清廉等家臣留守京都的萨摩藩藩邸。本来西乡隆盛掌握了萨摩藩的实权，但人在京都。因此，处理萨摩藩政务的是大久保利通等。大久保利通和西乡隆盛遥相呼应，左右着萨摩藩的舆论导向。因此，萨摩藩的政治主张和原来大有不同。

西乡隆盛在京都一直观察着德川幕府和长州藩的动向。长州藩是激进派的根据地，所作所为轻率、莽撞，屡屡误事，使长州藩陷于被动。德川幕府因循姑息，没有长远计划。因此，西乡隆盛判断这一时期萨摩藩不能与德川幕府和长州藩中的任何一方结盟。于是，西乡隆盛把精力集中在练兵上。德川幕府想征讨长州藩，各藩国志士想撮合长州藩和萨摩藩联合，西乡隆盛不急着做决定，只是慎重地观察形势。西乡隆盛观察着德川幕府的一举一动，还派人侦察长州藩的情况。由于公武合体派得势，德川幕府掌握了朝廷的实权。西乡隆盛意识到：

> 如果萨摩藩协助幕府压制长州藩，幕府还会像以前一样独断专行。这样做是与勤王精神背道而驰的。萨摩藩的岛津齐彬、岛津久光主张公武合体，但并不希望协助幕府，让幕府一头独大。如果想开辟新局面，不如和长州藩志士们联手，与幕府对抗。

西乡隆盛同情长州藩的立场，这是不争的事实。西乡隆盛从小仓回到广岛劝说征讨长州藩总督德川庆胜退兵。

这一时期，长州藩的舆论基调是打倒幕府，恢复天皇的权力，统一全国。然而，这一目标在当时来说过于远大，无法实现。一部分有识之士认识到："长州藩应该和其他势力联手，共同对抗幕府。各藩国中最有实力的是萨摩藩。尽管长州藩与萨摩藩之间有矛盾，但与萨摩藩联手是最合理、最有利的。"

之后，长州藩和萨摩藩的志士们互相尊敬，互相依靠。要想促成萨长联盟，需要有人从中撮合，缓和萨长二藩之间的矛盾。福冈藩和土佐藩的志士们担负起了这一历史使命。福冈藩的早川养敬、土佐藩的坂本龙马等为了萨长联盟而奔走。功夫不负有心人，最终，萨长二藩冰释前嫌。当时，三条实美等公卿寓居福冈藩的太宰府，福冈藩志士们和这些公卿过从甚密。然而，德川幕府决定第二次征讨长州藩之后，佐幕派掌握了福冈藩的实权，勤王派志士失势，不能再为萨长联盟出力。

第2节 土佐藩藩士为萨长联盟的形成而奔走

长州藩与福冈藩毗邻，而福冈藩藩主黑田长溥是岛津久光的叔祖父[①]。福冈藩居中调停促成萨长联盟是最合适的。然而，当时的形势不允许。这时，土佐藩藩士不失时机地为萨长联盟的形成而奔走。土佐藩藩主山内丰范的夫人是长州藩毛利氏的女儿，土佐藩累世和三条家族结亲。土佐藩藩士田中光显等在长州藩活动，坂本龙马寓居萨摩藩，二者遥相呼应，为萨长联盟尽力，最终达到了目的。

德川庆胜下令将三条实美等公卿软禁在福冈藩。萨摩藩藩士吉井友实来到福冈藩，和三条实美等公卿讲了萨摩藩的情况。吉井友实带着土佐藩的中冈氏、土方氏二人到京都后，又不断派人将京都的情况告知三条实美等公卿。中

---

① 岛津久光的祖父岛津齐宣是黑田长溥的哥哥，所以黑田长溥是岛津久光的叔祖父。

冈氏、土方氏二人在京都见到了小松清廉、大久保利通等，指出萨长联盟的必要性。小松清廉、大久保利通等赞同中冈氏和土方氏的观点，说道："西乡隆盛现在在萨摩藩，不久便会上京。我们希望二位去一趟马关，找木户孝允商议萨长联盟一事。"于是，土方氏去邀请木户孝允，中冈氏去萨摩藩迎接西乡隆盛。这时，长州藩的舆论导向如下：

如果萨摩藩来求和，我们就答应其请求。萨摩藩不愿意求和的话，哪怕把长州藩化为一片焦土，也要和萨摩藩血战到底。长州藩没有必要主动和萨摩藩求和。

坂本龙马为了促成萨长联盟，离开萨摩藩，来到福冈藩。庆应元年（1865年）五月二十五日，坂本龙马拜访三条实美等公卿。之后，坂本龙马

坂本龙马

渡边昇

前往长州藩，与土方氏相遇。听说土方氏的目的和自己一样，坂本龙马非常高兴，二人进行了分工：坂本龙马劝说木户孝允同意萨长联盟一事；土方氏前往福冈藩向三条实美等公卿汇报萨长联盟计划的具体情况。在此之前，大村藩藩士渡边昇等对木户孝允说："要成大事，只靠志士们的小打小闹是远远不够的，需要藩国与藩国之间结成联盟。"木户孝允赞成这一观点。坂本龙马见到木户孝允后，二人相谈甚欢。木户孝允向坂本龙马承诺要就萨长联盟一事和西乡隆盛面议，希望西乡隆盛来马关。然而，当时西乡隆盛已经上京，没有来马关。长州藩志士们非常气愤，都说："我们被萨摩藩的人给欺骗了。"

庆应元年（1865年）闰五月十五日，西乡隆盛和中冈氏一起在鹿儿岛乘船上京，西乡隆盛没有顺路到马关。中冈氏一个人在嵯峨登陆，来到马关，见到了坂本龙马、木户孝允等，解释其中的情况，消除长州藩志士们对西乡隆盛的误会。木户孝允、高杉晋作、伊藤博文、井上馨等和坂本龙马、中冈氏会谈，协商萨长联盟之事。当时，征夷大将军德川家茂正要率军再次征讨长州藩，大军压境。长州藩有必要从外国人那里购买枪炮、军舰。而长州藩自己无法买到这些军备。因此，长州藩打算和萨摩藩联盟，并借萨摩藩的名义购买军备，充实海军和陆军的装备。此时，长州藩已经派人到长崎购买枪炮，还需要购买军舰。木户孝允等委托坂本龙马和中冈氏传话给萨摩藩："长州藩需要借萨摩藩的名义购买枪炮和军舰。"坂本龙马和中冈氏进京见到西乡隆盛后，讲了和长州藩就萨长联盟进行协商的经过。

西乡隆盛决定和长州藩联盟。这时，德川家茂上京，请求朝廷下旨征讨长州藩。在朝廷召开的会议上，西乡隆盛强烈反对征讨长州藩。然而，朝廷已经将征讨长州藩的敕令给了德川家茂。于是，西乡隆盛决定以武力对抗德川幕府。西乡隆盛打算回萨摩藩，请求长州藩供应粮食，并把这个想法告诉了坂本龙马。庆应元年（1865年）九月二十四日，坂本龙马从大阪出发，来到长州藩，和广泽真臣等商议向萨摩藩供应粮食之事，长州藩重臣们商议后答应了萨摩藩的请求。坂本龙马意识到萨长结盟的时机已经成熟了，非常欣慰。之后，坂本龙马上京见西乡隆盛、小松清廉，告诉他们长州藩答应向萨摩藩供应粮食。西乡隆盛派黑田清隆和坂本龙马一起去马关邀请木户孝允到京都商议签订萨长盟约之事。

此前，西乡隆盛没有在马关和木户孝允会面，有三点原因：其一，萨摩藩显得过于主动，会降低萨摩藩的身份。其二，西乡隆盛想试探长州藩在萨长联盟问题上是否有诚意，如果长州藩有诚意，就应该派人到京都走一趟。其三，长州藩还有很多人见识短浅，认识不到萨长联盟的重要意义。即便长州藩的主事者同意萨长结盟，但西乡隆盛到长州藩的话，势必会受到长州藩藩士们的阻挠，不可能充分协商，订立盟约。不如在长州藩以外的地方邀请能够代表长州藩意见的一两位首领进行充分协商，在此基础上订立萨长盟约。

第3节 西乡隆盛、大久保利通、木户孝允订立萨长盟约

黑田清隆、坂本龙马来到长州藩的马关后，受到了木户孝允、高杉晋

黑田清隆

作、伊藤博文、井上馨等的热情款待。黑田清隆直截了当地讲明来意，木户孝允等慨然允诺。不过，当时长州藩内依然有反对萨长联盟的人。这些人指出之前西乡隆盛没有来马关，说明萨摩藩没有诚意。因此，反对木户孝允上京的人很多。特别是在奇兵队和其他部队中，有很多强硬派人物反对萨长联盟。木户孝允对这些反对萨长联盟的人说："如果我不上京，萨长联盟势必无法形成，我等迄今为止的苦心就会白费。各部队的首领应该和我一起上京。"于是，庆应元年（1865年）十二月月末，木户孝允带着奇兵队、游击队的首领从马关出发，前往京都相国寺旁边西乡隆盛的寓所。

西乡隆盛等热情款待木户孝允等，但没有深谈。坂本龙马到了之后，从中撮合，双方才开诚布公地协商，最终订立萨长盟约，盟约的大体内容如下：

如果幕府征讨长州藩，萨摩藩派出一千人左右援助长州藩。如果长州藩获胜，萨摩藩和长州藩一起将经过禀奏天皇陛下。如果长州藩战事不利，萨摩藩须竭力相助，让长州藩渡过难关。在幕府东归之后，上奏朝廷，陈述长州藩的冤情。幕府有朝廷旨意，又有会津藩、桑名藩等藩国的精锐部队，长州藩要做好决一死战的心理准备。如果长州藩的冤情得到申诉，双方罢兵，共同辅佐天皇陛下。

在订立萨长盟约之前，萨摩藩已经在为长州藩尽力。伊藤博文、井上馨在长崎购买军火时，萨摩藩藩士五代友厚从中斡旋。萨摩藩的村田新八、黑田清隆等参加长州藩的军事会议，建言献策。因此，长州藩对萨摩藩的态度变得友好了。其他藩国也竭力促成萨长联盟，为明治维新大业的成功打下了坚实的基础。坂本龙马在为萨长联盟奔走时冒了很大的风险。德川幕府对坂本龙马恨之入骨。最终，坂本龙马因为此事而丧命。

第4节　萨长二藩交换修好使

萨摩藩和长州藩订立盟约之后，西乡隆盛和大久保利通暂时回到萨摩藩。吉井友实敦促西乡隆盛、大久保利通上京商议对抗德川幕府再征长州藩一事。西乡隆盛和大久保利通相继上京。当时，德川幕府和长州藩的交涉完全破裂，幕府军从四面八方向长州藩发动进攻，并下令各藩出兵协助作战。西乡隆盛等公然致信德川幕府，拒绝出兵，并将长州藩士民的陈情书呈递给朝廷，将长州藩士民的告白书发给各藩国。萨摩藩为长州藩做的这些努力使双方的关系越来越亲密。萨长二藩的密使往来频繁，还交换了修好使。

庆应元年（1865年）十月，萨摩藩派黑田清隆、平川甚左卫门为正副使到长州藩，表示修好。毛利敬亲亲自在高田馆接见黑田清隆和平川甚左卫门。黑田清隆、平川甚左卫门献上萨摩藩藩主岛津忠义送给毛利敬亲的礼物。黑田清隆一行在山口逗留了十几天才辞行。长州藩派木户孝允等随黑田清隆一行到萨摩藩。庆应元年（1865年）十一月十六日，萨摩藩的军舰"丙辰丸"号悬挂萨摩藩的旗帜，搭载着萨长二藩的藩士从三田尻出发。"丙辰丸"号行至唐津冲时突然换成长州藩的旗帜，向城下放空炮，市民一阵大乱。庆应元年十一月二十六日，"丙辰丸"号悬挂着长州藩的旗帜来到鹿儿岛湾。萨摩藩鸣炮二十一响表示欢迎。岛津忠义和父亲岛津久光在城内接见木户孝允等并设宴款待，希望以后萨长二藩的关系更加亲密。之后，萨摩藩派老臣岛津伊势等带着木户孝允等参观造船厂、炮台。木户孝允等住了几天后离开时，岛津忠义给他们赠送了礼物。萨长二藩的关系越来越亲密。在归途中，应渡边昇的邀请，木户孝允等来到大村藩，游说大村藩藩主大村纯熙。之后，大村藩和长州藩步调

大村纯熙

一致。庆应元年（1865年）十二月八日，木户孝允等回到长州藩的山口，向毛利敬亲汇报了出使萨摩藩的情况。毛利敬亲和长州藩上上下下欢天喜地。

萨长联盟意义重大，改变了日本全国的大势。一直以来，日本都是各个藩、有志之士、朝廷公卿分别开展政治活动，或者进行暗杀等恐怖活动，或者因循姑息无所作为。有的藩在有志之士的逼迫下，不情愿地采取了一些轻率冒失的行动，没有先见性、统一性。这些行动不可能推翻拥有兵权和政权的德川幕府的统治。长州藩的激进派人士在元治政变前后几乎全部丧生。长州藩内支持幕府的恭顺派被奇兵队等赶下政治舞台。有马氏、柴山氏等萨摩藩的激进派人士都纷纷败北，中山中左卫门等公武合体派人士也退出了历史舞台。西乡隆盛、大久保利通等举起倒幕旗帜，掌握了萨摩藩的实权。萨长二藩联手，势力越来越大，逐渐向日本全国扩展，最终在伏见一战中战败幕府军，开启了明治维新的伟业。

第 11 章

王政复古

第1节 征长善后措施

庆应二年（1866年）八月十六日，德川庆喜带着板仓胜静进宫见驾，关白二条齐敬一同进宫。德川庆喜禀奏孝明天皇再次征长停战一事，并召集各藩商议征长善后措施。二条齐敬就德川庆喜的禀奏提出了一些质疑。德川庆喜说有考虑不周之处，表达了歉意，最终得到了朝廷的批准。一直以来，日本全国的志士们提倡众议公论。朝廷采用这一议事方式来对抗德川幕府的专横跋扈。德川庆喜提议此后每当遇到大事，都要召集大名商议。岩仓具视、大久保利通等制订了具体的议事计划并予以实施。

会津藩、桑名藩反对德川庆喜的上述措施。德川庆喜再次上奏朝廷，召集大名开会，讨论如何处理长州藩的问题。庆应二年年末，孝明天皇驾崩。庆应三年（1867年）正月十五日，德川庆喜上奏朝廷，建议撤去征长之兵，为孝明天皇治丧。会津藩和桑名藩依然反对撤兵。庆应三年正月二十三日，德川庆喜以孝明天皇的大丧为由，根据朝廷旨意下令撤退征长之兵，命令萨摩藩、福冈藩允许三条实美等公卿回到京都。撤兵之后如何处理长州藩的问题依然没有解决。庆应三年五月，在京都的岛津久光、松平春岳、山内容堂、伊达宗城等讨论开放兵库港和处理长州藩的问题。岛津久光主张："长州藩无罪而受到征讨，幕府应该自我反省，恢复毛利敬亲、毛利元德的官位。之后再讨论开放兵库港的问题。"德川庆喜主张先开放兵库港后讨论征长善后问题。岛津久光表示反对。

岛津久光和德川庆喜意见分歧之处在于：德川庆喜认为长州藩有罪才再征长州藩，而今不应对长州藩宽大处理，希望让长州藩的重臣提交请愿书，之后才予以宽恕；而岛津久光主张幕府的第二次征长师出无名，应该让幕府负这个责任，并反思第二次征长之前对长州藩的处理。

于是，德川庆喜再次进宫上奏，表示应该先宽恕长州藩。朝廷对这一建议没有异议。德川庆喜通过安艺藩转告长州藩提交请愿书。接着，德川庆喜禀奏朝廷向外国开放兵库港，在得到朝廷批准后由幕府具体办理此事。然而，岛津久光不同意让长州藩提交请愿书，最终岛津久光和德川庆喜在这个问题上没有取得一致意见。德川庆喜依然坚持先奏请朝廷开放兵库港，再让安艺藩敦促长州藩提交请愿书。然而，安艺藩与萨长二藩关系密切，上书德川庆喜说让长州藩提交请愿书的做法不合适。德川庆喜非常无奈，又下令让长州藩的重臣到大阪来。长州藩答应了这个条件，趁机让毛利元功等率军东上。

第2节 德川庆喜继任征夷大将军、孝明天皇驾崩、明治天皇即位

征夷大将军德川家茂去世后不久，德川庆喜继承了德川氏宗家的家督，尚未继承征夷大将军一职。幕府重臣和会津藩、萨摩藩主张德川庆喜继任征夷大将军，松平春岳表示反对。德川庆喜也很犹豫。幕府重臣和纪伊藩主德川茂承纷纷劝谏。德川庆喜还是没有答应。除德川庆喜之外，没有其他合适的人选。德川庆胜上书朝廷，奏请任命德川庆喜为征夷大将军，得到了朝廷的批准。德川庆喜很在意御三家的建议，于是答应继任征夷大将军。岩仓具视打算委托一名亲王宣布对德川庆喜的任命，但朝廷最终决定让二条齐敬向德川庆喜宣布朝廷的这一任命。庆应二年（1866年）十二月五日，朝廷任命飞鸟井雅典、野宫定宫为正副敕使到二条城宣读圣旨，任命德川庆喜为征夷大将军，叙正二位，并任权大纳言。在京都的所有大名都到二条城参加任

德川茂承

命仪式，分别献上大刀、马匹以示祝贺。这是日本朝廷最后一次任命征夷大将军。

庆应二年（1866年）十二月十二日，孝明天皇发烧。庆应二年十二月十六日，孝明天皇被诊断为患天花。朝廷将此事告知幕府重臣和朝臣，幕府重臣和朝臣每日前去探病。孝明天皇的病情越来越重。庆应二年十二月二十五日戌时，孝明天皇驾崩。朝廷秘不发丧。庆应二年十二月二十七日，亲王、二条齐敬、大臣等前来探病。当天夜里，二条齐敬宣布孝明天皇驾崩，皇太子即位。庆应三年（1867年）正月二日，二条齐敬命令群臣商议新天皇即位当天应奉献的礼物。庆应三年正月九日，明治天皇在清凉殿举行即位大典，二条齐敬任摄政。

第3节　兵库开港及讨幕计划

向外国人开放兵库港和处置长州藩是朝廷要解决的两大问题。这两个问题都让德川庆喜心力交瘁。处置长州藩的问题没有如愿，但兵库开港问题解决得还算顺利。这对于日本来说是万幸，也是前任征夷大将军德川家茂努力的结果。当时，世人逐渐了解了外国的情况，都意识到对外开放是大势所趋。尽管如此，攘夷论依然甚嚣尘上。兵库开港、大阪开市通商的期限就是庆应三年（1867年）。外国公使催促得很急，如果不按时开港，会失信于外国。庆应三年三月五日，德川庆喜将兵库开港一事上奏朝廷，希望朝廷批准。然而，因为依然有人反对开港，朝廷没有批准。庆应三年三月二十二日。德川庆喜再次上书朝廷，请求开港，并声明如果出现问题，自己愿意负责。之后，德川庆喜在大阪接见各国公使，以期搞好与各国的外交关系。由于德川庆喜在上书中言辞恳切，朝廷意识到这是不可抗拒的世界大势，便于庆应三年三月二十二日批准兵库开港。之后，日本才得以全面履行与各国签订的条约。朝廷任命兵库奉行，并决定允许大阪开市通商。

庆应三年是日本维新史上非常重要的一年。庆应二年（1866年），德川家茂去世，接着孝明天皇驾崩，幕府征长失败，在大名面前权威扫地，最终导致幕府覆亡。讨幕是日本的一个重要国策，是在国内外有利形势下经过各方努力实现的。在这一过程中，朝廷公卿和萨长等强藩起了重要作用。其中起到关键作用的核心人物是岩仓具视、西乡隆盛、大久保利通。

岩仓具视曾受到处罚，剃发蛰居于京都北部的岩仓村。岩仓具视性格豪迈，想做一番大事业。乱世出英雄，岩仓具视脱颖而出。岩仓具视在身居陋巷时，经常有志士前来拜访，讨论国家大事。香川敬三、三宫义胤等负责岩仓具视与志士们的联络工作。萨摩藩藩士藤井宫内、井上长秋等经常出入岩仓具视的幽居之所。庆应元年（1865年）十二月，朝廷打算赦免岩仓具视，命令他出任官职。久迩宫朝彦亲王表示异议："岩仓具视在蛰居期间与武士阶层交往，谋划不轨行为。岩仓具视如若出任官职，必然会扰乱朝政。"孝明天皇命

三宫义胤

岩仓具视深居简出，不要再与志士们来往。岩仓具视一一照办。也就是在这时，岩仓具视密奏王政复古之事。六条有容等公卿听说此事表示反对，与岩仓具视进行了激烈的争论。

庆应二年（1866年）五月，岩仓具视密奏孝明天皇王政复古计划。萨摩藩的岛津久光、西乡隆盛、大久保利通等赞同这一计划。岩仓具视又制订济时之策密奏孝明天皇，并呈递给二条齐敬，建议朝廷进行政治改革、处理外交问题和征长善后问题。庆应二年，朝廷已经在讨论让幕府奉还政权。岩仓具视建议山阶宫晃亲王和近卫忠熙等进行政治改革。此外，岩仓具视还和中御门经之取得联系，让他游说朝廷大臣让有志之士参政议政。中御门经之为这件事情四处奔走。岩仓具视劝藤井宫内、井上长秋等协助中御门经之开展活动。藤井宫内、井上长秋接受了岩仓具视的建议，积极协助中御门经之开展活动。在岩仓具视、中御门经之等的努力下，大原重德等二十多位公卿表示支持志士们参政议政。之后，大原重德等公卿上书二条齐敬，要求让志士们参政议政，改革政治，实现王政复古。二条齐敬将此事禀奏孝明天皇，大意如下：

> 一直以来，武士阶层掌权，朝廷无权，弊端重重。征长师出无名，朝廷应下令撤军，提拔贤能担任要职，召集大名讨论并决定国家大事。

孝明天皇听完禀奏后大怒，让二条齐敬、久迩宫朝彦亲王等辞职，命大原重德等二十二位公卿闭门思过。

岩仓具视意识到："依靠朝廷重臣是无法实施政治改革的，没有官位者也是无法参政议政的。而今只有依靠实力雄厚的大名才能成事。"于是，岩仓具视决定通过井上长秋和萨摩藩联手，向萨摩藩讲明自己的计划，请求其给予援助。岩仓具视写了《时务策》，表达了实施政治改革、实现王政复古、增强日本国力的想法，让井上长秋转交给萨摩藩藩主。《时务策》的内容如下：

> 集思广益，建言献策。希望近卫忠熙复职，大名上京议事，王政复古。萨长二藩勤王之心天地可鉴。幕府政治腐败，灭亡之日为期不远。德川家茂已经去世，理应奉还政权。德川庆喜辞去征夷大将军一职，让大名讨论处理长州藩一事。创建海军。朝廷设立亲兵，创设文武学校。统计日本国产物资，救济贫民。开拓松前以北的土地、摄政和关白以下公卿的领地及德川氏的领地。任用贤能，匡正嫉贤妒能之弊。

从以上内容可以看出岩仓具视的远见卓识。岩仓具视和萨摩藩不断加强沟通，策划维新大计。庆应三年（1867年）四月，岩仓具视和滞留在福冈藩的三条实美等公卿取得联系，通过书信往来，讨论国家大事。三条实美等公卿和萨摩藩、长州藩、土佐藩、福冈藩等各藩国的志士们交往，让这些志士游说各藩藩主，并和在京的公卿联系，共同商议大计，准备里应外合起事。然而，三条实美对岩仓具视有误解，说道："岩仓具视是佐幕派，不足以与之为谋。"东久世通禧则说："岩仓具视忠诚可靠，胸藏锦绣，是与我们共事的最佳人选。"

第4节 萨、长、安艺三藩大同盟

一直以来，倒幕派的核心力量是长州藩。长州藩为此背上了朝敌的骂名，不能堂堂正正入京。长州藩要是在藩国外面开展活动，困难重重。元治年间，萨摩藩内部的公武合体派失势，讨幕派的西乡隆盛、大久保利通掌握了实权，在萨摩藩内进行大刀阔斧的改革，打算通过和三条实美等公卿、西南各藩国联盟，打倒幕府，实施政治改革。庆应二年（1866年）年末，征讨长州藩的幕府军以失败告终，德川庆喜继任征夷大将军一职，孝明天皇驾崩，明治天皇即位。日本国内形势发生了巨变。当时，在京都的西乡隆盛、大久保利通审时度势，策划通过结成萨摩藩、土佐藩、宇和岛藩等的大同盟，实施政治改革。

大久保利通留在京都，西乡隆盛和小松清廉等一起回到萨摩藩鹿儿岛。西乡隆盛请岛津久光上京，岛津久光同意了。之后，西乡隆盛到四国游说各藩。西乡隆盛在高知见到了山内容堂，转达了岛津久光希望结成大联盟的口信。山内容堂前往宇和岛藩，宇和岛藩的伊达宗城也同意结盟。接着，西乡隆盛带着村田新八等前往大村和平户二藩游说。中冈慎太郎等游说九州各藩后回到长州藩。坂本龙马见到伊藤博文后谈了西乡隆盛的大联盟计划，之后东上。

庆应三年（1867年）四月十二日，西乡隆盛带着陆军、海军七百余人护卫着岛津久光抵达京都。松平春岳、山内容堂、伊达宗城也相继上京，在松平春岳的府邸见面，讨论兵库开港和处置长州藩的问题。松平春岳指出："当务之急是确定国家的施政方针，脱离幕府的控制，以朝廷为领导核心。朝廷有必要录用人才。"之后，众人将这一意见形成文字，上书摄政二条齐敬。庆应三年（1867年）四月十四日，岛津久光、松平春岳、山内容堂、伊达宗城一起来到二条城，谒见德川庆喜，建议进行政治改革。然而，这一方式过于温和，并且山内容堂和松平春岳同情德川幕府，无法成就大业。山内容堂认为萨摩藩的意见过于激进，之后一直称病不出。尽管山内容堂是公武合体派，但跟随他来京都的土佐藩的板垣退助、毛利左内、谷干城等在坂本龙马和中冈慎太郎的劝说之下，开始追随西乡隆盛，宣扬王政复古，和山内容堂分道扬镳。

板垣退助

谷干城

当时，奇兵队等长州藩的一些部队对萨摩藩还是不太信任。庆应三年（1867年）五月二日，奇兵队军监山县有朋带着鸟尾小弥太、萨摩藩藩士伊集院金次郎从马关来到京都，潜伏在萨摩藩藩邸。由此可见，此时山县有朋已经非常信任萨摩藩。山县有朋和西乡隆盛、大久保利通、小松清廉等商议了一些事情之后，带着品川弥二郎回到长州藩。之后，品川弥二郎和村田新八等一起到了京都。接着，长州藩的御堀耕助到京都和小松清廉、西乡隆盛、大久保利通等会谈，得知了萨摩藩制订的秘密计划，决定起兵响应萨摩藩。庆应三年九月六日，御堀耕助回到长州藩时，毛利敬亲、毛利元德正在召集重臣们和各部队的首领商量出兵。

从一开始，萨摩藩就同情长州藩。在德川幕府和长州藩发生矛盾时，萨摩藩一直支持长州藩，之后萨长二藩关系越来越亲密，双方盟誓联合起兵。安

品川弥二郎

艺藩也加入了萨长联盟,计划派一千名士兵到京都负责防务。安艺藩的加入大大增强了萨长联盟的实力。庆应三年(1867年)九月十四日,大久保利通随品川弥二郎、伊藤博文从京都来到长州藩的山口。毛利敬亲、毛利元德接待大久保利通,问了情况。冈山藩的穴户氏、长州藩的木户孝允、土佐藩的御堀氏等也在场。庆应三年九月十四日夜里,大久保利通代表萨摩藩,和长州藩签订了萨长二藩共同出兵的协议。

萨摩藩、长州藩签订共同出兵的协议之后,确定了出兵的顺序。毛利敬亲答应德川幕府的要求,派重臣毛利房显到大阪见德川庆喜。与此同时,长州藩让奇兵队、游击队等护卫毛利房显上路,并让这些部队做好战斗准备。山田市之丞担任奇兵队等部队的指挥。广泽真臣前往萨摩藩,与萨摩藩进行协商,等待萨摩藩的船到来。然而，直至庆应三年（1867年）十月，萨摩藩的船也没有赶到。于是，广泽真臣改变了原来的计划。毛利房显和安艺藩的藩士们一起到大阪见德川庆喜。广泽真臣也来到大阪。庆应三年十月六日，萨摩藩的船来到三田尻，大山纲良任指挥官。广泽真臣与品川弥二郎、西乡隆盛、小松清廉、大久保利通一起离开大阪，回到长州藩的山口。之后，广泽真臣将讨伐幕府的密诏交给毛利敬亲、毛利元德。毛利敬亲、毛利元德接见了小松清廉、大久保利通等，承诺发兵讨伐幕府。小松清廉、西乡隆盛回到萨摩藩鹿儿岛，劝说岛津忠义上京。

大山纲良

庆应三年（1867年）十二月十五日，萨摩藩的军舰"春日丸"号来到三田尻。庆应三年十二月十八日，毛利元德和岛津忠义会面。就在这一天，西乡隆盛等和安艺藩、长州藩的代表签订了出兵协议。之后，岛津忠义从三田尻出发，走海路东上。庆应三年十二月二十五日，长州藩的先锋部队也从三田尻出发，和萨摩藩的部队一起前往四国的西宫。当时大洲藩负责守卫西宫，大洲藩已经决定与萨摩藩、长州藩合作。杉孙四郎率领长州藩的后续部队在尾道登陆，等待前方部队的消息。岛津忠义入京后，与德川幕府的矛盾越来越深。幕府重臣和会津藩等对长州藩和萨摩藩十分不满，但总是优柔寡断，贻误战机。后来，德川幕府在鸟羽伏见一战中一败涂地，也是因为这个原因。

第5节 幕府将政权归还朝廷

土佐藩藩主山内丰范和岛津忠义、福井藩藩主松平茂昭、宇和岛藩藩主伊达宗德一起来到京都，讨论国家大事。本来，德川氏对山内氏恩重如山，土佐藩的领地面积很大。德川氏只是对毛利氏和岛津氏很冷淡。山内丰范不同意讨幕派的观点，称病回到土佐藩。当时，土佐藩志士板垣退助等认为只是逞口舌之快宣扬讨幕论是没有用的，只能诉诸武力。因此，板垣退助和西乡隆盛等的观点是一致的。土佐藩藩士后藤象二郎支持山内丰范的立场，希望和平解决问题。因此，后藤象二郎游说岩仓具视、西乡隆盛、大久保利通，希望和平解决问题。后藤象二郎的这一努力以失败告终。萨摩藩、长州藩和安艺藩有条不紊地筹备讨幕事宜。山内丰范的父亲山内容堂听说此事后非常担心，于庆应三年十月四日派后藤象二郎等到大阪上书德川庆喜，要求幕府将政权返还朝廷，以免发生内战。不仅如此，后藤象二郎等和会津藩的重臣面谈，之后向老中板仓胜静建议说："朝廷命令和幕府命令应该统一，幕府应该将政权归还朝廷，国家大事通过众议解决。"

庆应三年十月十日，德川庆喜将山内容堂的建议书拿给松平春岳看，并征求其意见。松平春岳给出的答复语焉不详，不知所云。庆应三年十月十二日，德川庆喜召集老中等官员讨论山内容堂建议的奉还政权问题。庆应三年（1867年）十月十三日，德川庆喜又将在京各藩国的重臣召集到二条城，让板仓胜静宣布自己对奉还政权的看法。各藩国的意见出现分歧，有的赞成，有的反对。萨摩藩的重臣小松清廉、后藤象二郎称赞德川庆喜英明果断。

庆应三年十月十四日，德川庆喜派桑名藩藩主松平定敬将幕府打算归还政权一事上奏朝廷。当时，各藩国就幕府归还政权一事议论纷纷，纪伊藩对此非常担忧。纪伊藩藩士三浦安拜访二条齐敬，就幕府归还政权一事征求意见。二条齐敬答复说朝廷应该不会同意幕府归还政权。庆应三年十月十四日夜里，小松清廉、后藤象二郎拜访二条齐敬，要求朝廷批准幕府归还政权的上奏。之

三浦安

后藤象二郎

　后，不等二条齐敬答复，小松清廉和后藤象二郎就到二条城，对众人说二条齐敬已经明确承诺批准德川幕府归还朝廷政权的上奏。庆应三年（1867年）十月十四日夜里，岩仓具视和中山忠能、正亲町三条实爱、中御门经之商议应该劝谏朝廷尽快批准德川庆喜归还政权的上奏。

　　二条齐敬一直犹豫不决，经过思想斗争之后，于庆应三年十月十五日召来德川庆喜，宣布批准他将政权归还朝廷的上奏。之后，朝廷下令松平春岳、山内丰范、伊达宗城、岛津久光等俸禄在十万石以上的大名进京商议国家大事。庆应三年十月二十四日，德川庆喜派松平定敬上书朝廷，辞去征夷大将军一职。庆应三年十月二十七日，朝廷答复说准备召集各地大名开会讨论此事。

庆应三年（1867年）十月二十九日，朝廷任命日野资宗为敕使，到后月轮东山陵告慰皇室祖灵政权已经归还朝廷。

朝廷虽然批准了德川庆喜归还政权一事，但此时公卿依然分为两派：一是公武合体派，主张朝廷和德川氏协商处理政务，国家大事由全国的大名讨论后进行处理。二条齐敬、久迩宫朝彦亲王等持这一观点。二是讨幕派，主张朝廷和萨长二藩联手打倒幕府，进行政治改革。属于讨幕派的有岩仓具视、中山忠能、正亲町三条实爱、中御门经之及寓居福冈藩的三条实美等。岩仓具视等讨幕派人士正在悄悄开展下述工作：向萨长二藩下达讨幕的密诏；商议处置德川氏的措施；研究建立新的政府机构。二条齐敬等依然想依靠幕府处理国政，没有察觉岩仓具视等的活动。

在德川庆喜归还政权之后，朝廷召集俸禄在十万石以上的大名到京都开会。然而，因为种种原因，很多大名没有上京。庆应三年十一月十二日，近卫忠房、一条实良、近卫忠熙、鹰司辅熙等联名上书，要求恢复太政官①等官职。二条齐敬下令群臣讨论此事，并向德川庆喜咨询。德川庆喜给出的意见没有任何新意，勤王派各藩的志士对此十分不满。

庆应三年十二月六日，久迩宫朝彦亲王、山阶宫晃亲王、九条道孝、近卫忠熙等在二条齐敬的府邸开会，讨论如何处置长州藩的问题。会议一致决定赦免毛利敬亲、毛利元德。二条齐敬派人就此事征求德川庆喜的意见。德川庆喜答复说："我本人服从大家的意见。"庆应三年十二月八日，朝廷召开会议，久迩宫朝彦亲王、山阶宫晃亲王、九条道孝、近卫忠熙、鹰司辅熙等公卿和在京的各藩藩主及重臣等上朝，讨论如何处理毛利敬亲、毛利元德。德川庆喜、会津藩藩主松平容保、桑名藩藩主松平定敬没有参加会议。会议一直进行到半夜才做出结论："允许毛利敬亲、毛利元德上京并恢复他们的官位，让安艺藩向毛利敬亲、毛利元德传达这一命令。"

之后，朝廷商议赦免在政变中逃出京都的三条实美等公卿。在这个问题

---

① 太政官，是日本律令制下执掌国家司法、行政、立法大权的最高国家机关，相当于唐朝的尚书省。

上，大家意见分歧较大，一直讨论到庆应三年（1867年）十二月九日拂晓。此时，岩仓具视正在和尾张藩、福井藩、萨摩藩、土佐藩谋划王政复古的大计。尾张藩的士兵入宫，让二条齐敬大吃一惊。最终会议做出决议，二条齐敬等才退朝。前关白九条尚忠、前内大臣久我氏、岩仓具视、三条实美等被赦免。

第6节　建立新政府

在德川庆喜将政权归还朝廷以后，朝廷大事由大名们讨论决定，小事由摄政决定。朝廷还没有制定施政方针，政府机构也不完善。有人主张模仿建武中兴时的做法，有人主张实施大宝年间的制度。朝廷就此征询了德川庆喜的建议。在这种情况下，由于情况紧急，朝廷决定在保留幕府时期政府机构的基础上进行改革，以解燃眉之急。岩仓具视主张模仿神武天皇创业之初实施的制度，并与西乡隆盛、大久保利通等就此方案进行磋商，筹备建立新政府。

当时，岩仓具视还在蛰居，需要和朝廷里的人商量此事。于是，岩仓具视和中御门经之商议打倒幕府，把政权归还朝廷。中御门经之将此事告诉了中山忠能、正亲町三条实爱，并与其达成一致意见。中御门经之又将此事告诉西乡隆盛、小松清廉，让他们和岛津久光商议此事。岛津久光赞成这一方案，承诺竭尽全藩之力促成此事。这时，安艺藩藩主带着家臣来到京都，也赞成岩仓具视的这一方案。岛津久光派大久保利通到长州藩，将岩仓具视的计划告知毛利敬亲、毛利元德，请求长州藩予以协助。长州藩的代表木户孝允、广泽真臣等和萨摩藩的代表大久保利通在山口会谈，订立长州藩、萨摩藩、安艺藩三藩讨幕盟约。岛津久光称病回到萨摩藩。庆应三年十月五日，岩仓具视、大久保利通和品川弥二郎在中御门经之的府邸会谈。庆应三年十月八日，萨摩藩的小松清廉、西乡隆盛、大久保利通，长州藩的广泽真臣、品川弥二郎，以及安艺藩的植田乙次郎等决定共同出兵讨幕，并将此事告知中山忠能和中御门经之。

萨摩藩、长州藩、安艺藩上书朝廷，历数长期以来德川幕府的种种过失,请求朝廷发布讨幕敕令。在此之前,萨摩藩、长州藩、安艺藩已经开始筹备讨幕军。四百名萨摩藩士兵已经来到长州藩的三田尻。长州藩的奇兵队、游击队等也都集结在三田尻。小松清廉、西乡隆盛、大久保利通、广泽真臣、品川弥二郎联名上书朝廷,请求下发讨幕密诏。安艺藩的部队也开始向三田尻集结。在土佐藩的劝说下,德川庆喜于庆应三年(1867年)十月十四日奏请朝廷把政权归还给皇室。庆应三年十月十五日,朝廷批准了德川庆喜的奏请,规定大事由各藩国商议决定,小事由朝廷重臣处理。因此,已经没有必要讨伐幕府。接着,德川庆喜辞去了征夷大将军一职。会津藩、桑名藩对此颇感惋惜,萨长二藩对德川庆喜恨之入骨,想找碴讨伐幕府。然而,朝廷已经发布敕令,萨长二藩也无法再次发难。中山忠能、正亲町三条实爱、中御门经之告诉萨长二藩的岛津久光、岛津忠义、毛利敬亲、毛利元德及其重臣暂且中止讨伐幕府的计划。因此,讨幕密诏既没有实施,也没有公开废止。在颁发讨幕密诏的当天,德川庆喜上奏归还政权。岩仓具视立即采取了应对措施,筹建新政府。庆应三年十一月八日,岩仓具视得到赦免,回到了京都的住所。岩仓具视和大久保利通谋划筹建新政府并公布具体方案。

庆应三年十一月二十五日,后藤象二郎等在京的各藩重臣为了奠定皇室政权的基础,游说各藩国及朝廷公卿。赞成这一做法的公卿有很多。大久保利通则认为这一做法因循守旧,是不会成事的。于是,大久保利通到中山忠能的府邸和岩仓具视、正亲町三条实爱等商议召开大名会议。中山忠能反对处罚德川氏的计划,但在岩仓具视的劝说下勉强同意了。朝廷在公布王政复古时遇到了困难。当时,萨摩藩、安艺藩、尾张藩、福井藩等藩国的藩主在京都,而土佐藩藩主还未到京都,大家只好等待。大久保利通和岩仓具视担心夜长梦多,决定在庆应三年十二月九日公布王政复古一事。中山忠能将这一决定上奏朝廷,得到了批准。岩仓具视将朝廷的这一决定通知在京的各藩大名及其重臣。

庆应三年十二月九日,在二条齐敬、久迩宫朝彦亲王等退朝之后,中山忠能、正亲町三条实爱、德川庆喜、松平春岳等留在宫中等待岩仓具视上朝。岩仓具视闻报,穿上朝服,带着有关王政复古的文件来到宫中。中御门经之随

山阶官晃亲王

后也来到宫中。岩仓具视来到明治天皇面前上奏，正要公布王政复古一事。这时，萨摩藩、尾张藩、福井藩、土佐藩、安艺藩五藩的部队赶到，守卫皇宫。有栖川宫炽仁亲王、山阶宫晃亲王、小松宫彰仁亲王、大原重德等接到召命后进宫。山内容堂、岛津久光也进宫。明治天皇在学问所召见群臣和大名，勉励大家为国出力，之后宣布了王政复古的事情。在实施王政复古之际，朝廷废除了原来的官职，新设了总裁等三个职务。此外，还废除了一些朝典，规定广开言路，抚恤民众。有栖川宫炽仁亲王任总裁，小松宫彰仁亲王、山阶宫晃亲王、中山忠能、正亲町三条实爱、中御门经之、德川庆胜、松平春岳、安艺藩藩主、山内容堂、岛津忠义任议定。大原重德、岩仓具视、尾张藩的三名重臣、福井藩的三名重臣及土佐藩、萨摩藩、安艺藩的各三名重臣任参议。此外，朝廷还向后宫嫔妃发布谕告，要求妃嫔们要品行端正，不要妒火中烧，诽谤他人，要守妇道，以忠信为本侍奉天皇。

与此同时，朝廷禁止二条齐敬、久迩宫朝彦亲王、九条道孝、近卫忠熙、鹰司辅熙、近卫忠房、一条实良、德大寺公纯、六条有容等上朝，命他们在家闭门思过。朝廷不再让会津藩把守蛤御门，也不再让桑名藩负责公卿府邸的保卫工作。

第7节 宫中小御所会议

庆应三年（1867年）十二月九日，朝廷颁布王政复古的诏令。当天夜里，明治天皇在宫中的小御所召开会议。有栖川宫炽仁亲王、山阶宫晃亲王、小松宫彰仁亲王、中山忠能、正亲町三条实爱、德川庆喜、岛津久光、大久保利通等参加了会议。西乡隆盛也列席了白天的会议，晚上指挥各处的部队做好保卫工作。与此同时，西乡隆盛监视着各藩的动静。在小御所会议上，中山忠能宣布了会议的宗旨：

> 德川庆喜归还政权，辞去征夷大将军一职。朝廷予以批准，巩固了王政的基础，今天开会的目的是制定国策。恳请在座的各位建言献策，畅所欲言。

山内容堂建议让德川庆喜参与大政，大原重德则说：

> 德川庆喜虽然归还了政权，但不知是否有诚意，最好先不让德川庆喜参与大政。

山内容堂反驳说：

　　大政维新之初，人心不稳，百废待兴。各藩国手执凶器把守宫门，有不祥之兆。德川氏治理天下近三百年，功勋卓著。而今将德川庆喜排除在政权之外，不合道理。德川庆喜舍去祖先霸业，交出政权，忠诚可嘉。德川庆喜是英明之主，天下闻名，理应参与大政。

岩仓具视厉声斥责山内容堂：

　　天皇陛下是稀世英才，能做王政复古的大事。

松平春岳也主张让德川庆喜参与大政。岩仓具视说道：

　　德川家康统一日本，为日本带来和平，值得颂扬。然而，德川家康的子孙居功自傲，上欺皇室，下压公卿、大名，不讲大义名分。嘉永年间以来，对外丧权辱国，对内镇压志士，两次征讨长州藩，祸乱社稷，罪大恶极。德川庆喜如果有一片忠心，应该将土地和人民交给朝廷，协助朝廷实施王政复古的大业。唯有如此，才能参与国家大政。

大久保利通等纷纷发言，支持岩仓具视的主张。德川庆胜、松平春岳、山内丰范支持山内容堂的主张。两派争执不下。这时，中山忠能突然离席，和两三个人窃窃私语。岩下方平和西乡隆盛商量如何是好。西乡隆盛说：

　　这个时候，口舌是解决不了问题的，只有动用武力最有效。

岩下方平把西乡隆盛的话转告给岩仓具视，岩仓具视也下定了决心：

浅野长勋

如果山内容堂、松平春岳还固执己见，只能采取非常手段。

岩仓具视怀揣短刀，让自己的家臣浅野长勋转告土佐藩的重臣后藤象二郎劝说山内容堂放弃自己的主张。于是，后藤象二郎劝说山内容堂和松平春岳三思而后行。经过再议，小御所会议决定采纳岩仓具视的建议，让德川庆喜辞官纳地。

第8节 尾张藩、福井藩、土佐藩从中周旋

在小御所召开御前会议时，土佐藩的士兵取代会津藩的士兵把守皇宫的蛤御门，萨摩藩的士兵取代桑名藩的士兵守卫公卿的府邸。松平容保和松平定敬相继带兵进入二条城。幕府直辖的游击队、新选组等也相继来到二条城。京都城中一片混乱。幕府重臣们向德川庆喜建议说：

朝廷要召集大名讨论大政。然而，萨摩藩和岩仓具视仅召集了部分在京大名召开御前会议。您也被禁止参加会议。很明显，这违背了敕令。萨摩藩和岩仓具视等几个奸诈公卿勾结，蛊惑年幼的天皇为自己谋私利。我们应该上表讨伐萨摩藩，清君侧。

德川庆喜不同意这样做。这时，京都城内一片大乱。岩仓具视和大原重德打算让尾张藩和福井藩负责京都治安，便召来二藩的重臣说：

朝廷集结兵力，完全是为了维持治安，没有其他目的。二条城中的人如果相信谣言，会发生动摇，恐怕会导致天下大乱。你等回去告诉你们的藩主，采取措施保障京都的安全。

德川庆胜派人将岩仓具视的话转告给了幕府重臣板仓胜静，希望德川庆喜安抚二条城内的军心。这一夜，京都终于平安无事。

庆应三年（1867年）十二月十日，松平春岳和德川庆胜来到二条城。城上的士兵大骂松平春岳："你任总裁时，弃官逃遁，不负责任。"又大骂德川庆胜："你征讨长州藩时，长州藩假装投降，你就受降班师，养虎为患。"德川庆胜和松平春岳也不辩驳，要求见德川庆喜。德川庆喜接见了二人。松平春岳和德川庆胜向德川庆喜讲了朝廷让其辞官纳地的决定。德川庆喜有心答应朝廷的要求，但因为松平容保、松平定敬及其他大名的反对，犹豫不决。德川庆

喜对松平春岳和德川庆胜说道："辞官纳地事关重大，二条城的人都反对这样做，搞不好会出大乱子。我希望朝廷给我一些时间。我拜托二位在朝廷那里替我美言几句。"德川庆胜和松平春岳回到宫中复命。西乡隆盛和大久保利通说："德川庆喜辞官纳地是证明他尊重朝命的关键，这一点必须明确。"松平春岳说："朝廷需要宽限几日，不然二条城会出乱子的。我希望朝廷把这件事情全权委托给我二人处理。"

第9节　毛利房显入京及三条实美等的情况

　　萨摩藩、长州藩、安艺藩结为联盟之后，详细讨论了讨幕的步骤。长州藩应德川幕府的要求，派重臣毛利房显到大阪见德川庆喜。毛利房显率军上路。德川幕府对长州藩的这一举动表示怀疑，下令安艺藩转告长州藩："不必派重臣到大阪了。"于是，长州藩赶紧派人将毛利房显追回来。然而，毛利房显说："我已经带着部队走到了半路，怎能返回？恕难从命。"长州藩同意了毛利房显的做法，让安艺藩把这个情况转告给德川幕府。这时，长州藩已经接到讨幕密诏。而此时德川幕府已经把政权交还朝廷。于是，长州藩暂时中止了讨幕计划。长州藩相信最终还是要执行讨幕计划。毛利房显已经进军至西宫，在这里等待京都的命令。庆应三年（1867年）十二月八日，萨摩藩藩士大山岩从京都来到西宫，催促毛利房显率兵进京。庆应三年十二月九日，毛利房显率军来到芥川驿，接到了西乡隆盛的信，信中说："朝廷已经赦免了长州藩。"

　　毛利房显进而率军来到山崎，津藩镇守此处。津藩请示朝廷，朝廷让放行。于是，毛利房显率军顺利来到光明寺，获悉朝廷正在进行政治改革。庆应三年十二月十日，朝廷下令毛利房显进京驻扎在相国寺。庆应三年十二月十日夜里，毛利房显奉命进宫。西乡隆盛、大久保利通迎接毛利房显并热情款待。中山忠能、正亲町三条实爱等接见了毛利房显，命他巡视京都城九门内外。

　　三条实美、三条西季知等七位公卿寓居长州藩的汤田。之后，泽宣嘉去了但马生野，支持那里的勤王活动。锦小路赖德病死。外逃的公卿只剩五人，一直寓居长州藩，和长州藩、土佐藩、福冈藩的志士们来往，鼓舞志士们勤王。在德川幕府第一次征讨长州藩之后，德川庆胜命人将三条实美等五位公卿分别关押在福冈、筑后、肥前、肥后、长州藩。三条实美等人不愿分开，进行抗议，最终，德川幕府将他们关在福冈太宰府，集中软禁，让五个藩的士兵看押。在德川幕府再次征讨长州藩之后，全国形势发生了重大变化，萨摩藩的大山纲良往来于三条实美等公卿被看押的太宰府和京都之间。庆应三年（1867年）正月二十三日，德川幕府允许三条实美等五位公卿回到京都。这时，三条实美生病了。五位公卿和萨长二藩商量之后，认为当时回京不合适，依然留在太宰府。三条实美等公卿除和志士们交往之外，还和岩仓具视等京都的公卿们联络，里应外合谋划事情。萨摩藩、长州藩、安艺藩在盟誓共同讨幕之后，大山纲良拜访三条实美等五位公卿，告诉他们该回京都了。然而，德川庆喜上奏朝廷："如果三条实美等五位公卿已经动身回京，就先来大阪。如果还没有动身，暂且留在太宰府。"其他大名都同意德川庆喜的这一建议。之后，朝廷要实施王政复古。三条实美等五位公卿听到这个消息后归心似箭。不过，去京都的船还没有准备好，五位公卿只好暂时留在太宰府。泽宣嘉在但马生野举事失败后下落不明。庆应三年十二月九日，朝廷突然宣布泽宣嘉官复原职。庆应三年十二月十四日，西乡隆盛的弟弟西乡从道率领军舰来到太宰府，告诉三条实美等五位公卿朝廷下诏赦免了他们。庆应三年十二月二十一日，三条实美等五位公卿路过长州藩，见到了毛利敬亲、毛利元德、木户孝允、伊藤博文等。在出发之际，井上馨、广泽真臣和三条实美等五位公卿同船，于庆应三年十二月二十七日平安抵达京都。三条实美被任命为议定，东久世通禧被任命为参议，和岩仓具视一起从事维新大业。

第10节　德川庆喜退往大阪

岩仓具视就德川庆喜的辞官纳地一事拟定了草案："如果德川庆喜不主

西乡从道

动辞官纳地,就由朝廷下达敕令强制德川庆喜执行。"结果这一草案被泄露出去了。德川庆喜的麾下、会津藩、桑名藩群情激愤,打算率领驻扎在京都城内外的一万多人讨伐长州藩和萨摩藩。德川庆喜叫来松平春岳说:"眼下京都城内形势紧张,公卿们欺人太甚,我可以辞官,但不能纳地,否则对不起自己的祖先。"德川庆喜和板仓胜静进一步告诫部队不要轻举妄动。为了避免和萨长二藩发生冲突,德川庆喜下令将城外的部队撤到城内。当时,京都城内流言四起,说萨长二藩要袭击二条城。会津藩、桑名藩的一万名士兵做好了迎战准备。

德川庆胜和松平春岳商议后，建议德川庆喜暂时率军退到大阪，等待朝廷下旨后再回京都。德川庆喜采纳了这一建议，当天晚上和松平容保、松平定敬及板仓胜静率领麾下的部队前往大阪。德川幕府其他部队的很多人毫无察觉。会津藩的佐川官兵卫在城门口拦住德川庆喜一行，劝阻他们不要走。德川庆喜在安慰了佐川官兵卫之后还是决定去大阪。临行时，德川庆喜让人将上奏朝廷的奏折委托给松平春岳、德川庆胜转呈。这说明德川庆喜是诚心诚意遵照朝廷命令辞官纳地的。然而，岩仓具视说："德川庆喜不打招呼就离开京都是不合适的。"西乡隆盛、大久保利通等萨长二藩的重臣们根本不相信德川庆喜会真心辞官纳地，决定按照庆应三年（1867年）十月朝廷下达的敕令与幕府军进行决战，并紧锣密鼓地备战。

尾张藩、福井藩、土佐藩想从中调和，避免德川幕府与萨长二藩兵戎相见。土佐藩的山内容堂上书朝廷，建议将德川庆喜辞官纳地一事委托给松平春岳办理。赞成这一建议的大名和公卿有很多。福冈藩、肥后藩、盛冈藩等藩国的藩主上书表示赞同山内容堂的建议。岩仓具视和西乡隆盛、大久保利通商议后决定："派尾张藩前藩主德川庆胜、福井藩前藩主松平春岳规劝德川庆喜辞官纳地。如果德川庆喜不听规劝，就按照密诏讨伐幕府。"岩仓具视叫来松平春岳说："而今，大阪人心不稳，规劝德川庆喜辞官纳地一事应尽早进行，迟则生变。"松平春岳和山内容堂商量之后，拜访岩仓具视，对岩仓具视说道："念及德川庆喜一片忠心，我们希望朝廷给予他降职处分并让他将土地和人民交给朝廷。"对此，岩仓具视答复说："德川庆喜辞官并非降等或降级，而是辞去现在的议定一职，称内府。"松平春岳、山内容堂走后，后藤象二郎受山内容堂的委托，对岩仓具视说："现在会津藩和桑名藩的部队群情激愤，辞官纳地一事是否可以用其他方案来代替？"岩仓具视断然拒绝。对此，山内容堂表示："内府是虚职，没有实权。我希望按照我的提议处理，否则我就辞职回我的藩国。"即便如此，岩仓具视和萨长二藩丝毫也不让步，拒绝接受山内容堂的建议。

当时，德川庆喜在大阪遇到的阻力也很大，部下强烈反对他辞官纳地。

庆应三年（1867年）十二月十九日，德川庆喜派户川安爱上书朝廷："近日朝廷进行了一系列改革。这些改革是一两个强藩为达到个人目的胁迫幼帝实施的。庆应三年十二月九日实施的王政复古有名无实，希望废止这些措施。"户川安爱写好建议书之后，上京拜访松平春岳和山内容堂，请求他们帮助德川庆喜实施建议书中的方案。庆应三年十二月二十日，山内容堂让后藤象二郎就户川安爱的建议书征求岩仓具视的意见。岩仓具视好言安慰说："我也是替德川庆喜着想，希望尾张藩藩主、松平春岳、山内容堂到大阪劝说德川庆喜轻装来京都，上书辞官纳地。只有这样，才能保全德川氏的祖业。"松平春岳、山内容堂也劝户川安爱听从岩仓具视的建议。户川安爱见意见分歧太大，无望达到自己的目的，就回到了大阪。

朝廷召开会议，研究如何将王政复古一事通知各国公使。岩仓具视等准备了诏书体的通知和公文体的通知。大多数人赞成用诏书体的通知。于是，岩仓具视等奏请明治天皇在诏书体的通知上签名并盖上玉玺。在让总裁及以下官员签字时，松平春岳、德川庆胜、山内容堂等拒绝签字，只能作罢。朝廷决定仅把让德川庆喜归还朝廷政权一事通知各国公使。庆应三年十二月十六日，德川庆喜在大阪接见法国、英国、意大利、美国、普鲁士、荷兰六国的公使，宣布自己依旧负责外交事务。因此，朝廷决定不再通知各国公使德川庆喜归还政权的事情。

庆应三年十二月二十四日，山内容堂上书朝廷："新政府所需费用全靠德川氏纳地所得收入来支付是不公平的，所有大名都应分担费用。"在朝廷上，群臣经过一番争论，最终朝廷决定采纳山内容堂的建议。群臣还就是否允许德川庆喜上京一事进行了讨论，结果没有得出结论。最后，朝廷决定如果有事情需要德川庆喜知道，就派松平春岳和德川庆胜去大阪通知德川庆喜。德川庆胜、松平春岳、山内容堂极力主张删去让德川庆喜交还领地这一内容。尽管大久保利通等坚决反对，朝廷还是采纳了这一建议。

庆应三年十二月二十六日，德川庆胜、松平春岳前往大阪，向德川庆喜传达朝廷的命令。庆应三年十二月二十八日，德川庆喜让德川庆胜和松平春岳转告朝廷自己谨遵朝命。中山忠能对德川庆胜和松平春岳的工作非常满意，对他们二人表示感谢。

第11节 袭击江户的萨摩藩藩邸

政治中心转移到京都之后，江户非常冷清。德川庆喜将政权归还朝廷之后，将这一消息传递到江户。留守江户的幕府重臣们大吃一惊。德川茂承将德川氏一门的谱代大名的重臣及自己麾下的重臣召集到江户，在自己的赤坂府邸商议对策。庆应三年（1867年）十二月十八日，德川氏一门的谱代大名们来到德川幕府盟誓："为了恪守君臣大义，我们会不计个人的利害得失效忠德川氏。"庆应三年十二月九日，朝廷宣布实施王政复古。这一消息传到江户后，在江户学习的会津藩学生们说："现在不是读书的时候了，报效藩国的时候到了。"江户的会津藩学生们成群结队前往京都。

在这种情况下，江户城一片大乱。浪人们聚集在江户三田的萨摩藩藩邸。水户藩是勤王论的发源地，浪人的数量也最多。浪人们啸聚常陆、上总、下总、上野地区，准备起事。从庆应初年开始，土佐藩的板垣退助就来到江户，扶持并藏匿这些浪人，以作他日之用。后来，板垣退助在土佐藩与西乡隆盛订立盟约。为了响应西乡隆盛的计划，板垣退助离开江户，回到土佐藩招募讨幕军。板垣退助和西乡隆盛约好，将自己此前在江户笼络的浪人藏匿在江户的萨摩藩藩邸。之后，板垣退助不断在江户招募浪人，专门在江户街市进行劫掠。这些浪人都是乌合之众，为了增强他们的战斗力，板垣退助从萨摩藩请来伊牟田尚平做他们的头目，加强训练，以备发生战事时和关西的部队东西呼应。京都和大阪的萨摩藩藩邸中潜藏着大量长州藩、土佐藩的志士和浪人，蓄谋倒幕。德川幕府痛恨萨摩藩也是这个原因。

潜藏在江户萨摩藩藩邸的浪人们无论昼夜都在劫掠江户的富户，江户城内人心惶惶。这引起了德川幕府的戒心。德川幕府派兵在江户市内各处巡逻，严厉打击浪人们。庆应三年十二月二十二日，西之丸着火。德川幕府认为这是浪人们所为，决定予以严惩。德川幕府让萨摩藩藩邸交出浪人们。留守江户萨摩藩藩邸的彦五郎等和浪人们是一伙的，拒绝交出浪人们。浪人们对德川幕府取缔浪人的措施非常不满，开枪袭击负责惩治浪人的庄内藩的藩邸。各藩大名对浪人们的这一行为十分愤慨，要求德川幕府讨伐萨摩藩藩邸，逮捕浪人们。幕府重臣们没有答应这一要求。于是，各藩大名在征得德川家茂的遗孀的同意后，讨伐萨摩藩藩邸。松山藩等听从法国人的建议，炮轰萨摩藩藩邸，结果非常奏效，萨摩藩藩邸被烧毁了。浪人们与数倍于自己的幕府军作战，十分狼狈。伊牟田尚平率领六十余名浪人突围后来到品川，在这里乘坐前来接应的萨摩藩军舰打算逃走。两艘幕府军舰向这艘萨摩藩军舰开炮。萨摩藩军舰一面还击，一面扬帆向关西一带撤退。幕府的三艘军舰追击，萨摩藩军舰逃到兵库后脱险。

当时，大阪城中主和派占了上风，德川庆喜决定让松平春岳和德川庆胜斡旋此事。松平容保、松平定敬等稳健派的幕府重臣回到下榻之处。这时，德川幕府袭击江户萨摩藩邸的消息传到大阪，从而爆发了鸟羽伏见之战。袭击萨摩藩藩邸事情虽小，但关系重大，成为戊辰战争爆发的导火线。

第 12 章

戊辰战争

第1节 鸟羽伏见之战

谱代大名及其部下听说京都发生的变故之后，无不扼腕愤慨。他们召开会议后决定："为了保卫德川氏的天下，不惜身家性命。"据说，潜藏在萨摩藩藩邸的浪人们在江户街市掠夺的财物总金额达二十万两白银。庆应三年（1867年）十二月二十四日，德川幕府的一些官员炮轰并烧毁了萨摩藩藩邸。勘定奉行①小野友五郎等为了汇报江户的情况，于庆应三年十二月月末率兵来到大阪。

明治元年（1868年）正月一日，德川庆喜打算入朝。为了做好保卫工作，德川庆喜在二条城、伏见、东寺、大阪城等处安排了幕府直属部队和谱代大名的人马镇守。明治元年正月二日，德川庆喜带着讨伐萨摩藩的奏章，从大阪前往京都。这份奏章的中心思想是"根据大义清君侧"。在公布了宣战书之后，幕府军从鸟羽、伏见两路进军。会津藩、新选组麾下的部队由陆军奉行竹中重固率领，从伏见街道进军。老中大河内正质率领桑名藩部队、幕府巡逻队等从鸟羽街道进军。进军鸟羽、伏见是否是德川庆喜的本意，直到今天仍不得而知。德川庆喜富有勤王精神，想让明治天皇御驾亲征萨摩藩。德川庆喜最憎恶的不是长州藩，而是萨摩藩。

---

① 勘定奉行，是日本德川幕府负责财政事务的官员。

萨摩、长州二藩联盟的目的是消灭德川幕府。此前，萨摩藩从朝廷那里得到了讨幕密诏，并和长州藩、安艺藩组成联军，准备讨幕。这时，德川庆喜归还朝廷政权，萨摩藩不得不中止讨幕计划，打算通过和平方式实施政治改革。然而，萨摩、长州二藩意识到：

> 如果不动用武力，不可能进行真正的政治改革。尽管德川幕府已经衰落了，但瘦死的骆驼比马大。德川幕府拥有产量八百万石的领地，有八万铁骑，还有忠于德川幕府的大名。想要消灭德川幕府，并不容易。这需要做好充分的思想准备。

西乡隆盛制订的计划如下：

> 保护着明治天皇从山阴道退到广岛，将广岛作为明治天皇的行在。即便讨伐幕府的战争持续数年，会遇到很多困难，也要成就消灭幕府的大业。

由此可见，西乡隆盛绝没有想到会在鸟羽伏见之战中获胜。

明治元年（1868年）正月二十一日，驻扎在伏见町奉行所的千余名德川幕府步兵劫掠民宅，在京都胡作非为。接到这一报告，朝廷让萨摩藩、长州藩、土佐藩、安艺藩派巡逻队守卫京都。明治元年正月二十三日，土佐藩、安艺藩拒绝执行这道命令，而萨摩藩、长州藩愿意执行这道命令。萨摩藩和长州藩下定决心："既不让浪人在京都市内横行，也不让德川庆喜等的部队通过前往京都的关卡。"

幕府军和萨长二藩的部队剑拔弩张。尽管如此，德川庆胜、松平春岳、山内容堂和朝臣们打算从中调停。明治元年正月一日，松平春岳派中根雪江拜访岩仓具视，讲了大阪的情况，希望岩仓具视允许德川庆喜上京。岩仓具视说道："而今萨长二藩的兵力辅佐朝廷，与幕府势不两立。不过，松平春岳、德川庆胜居中调停，我们不能让他们白忙。我和三条实美商议了，同意让山内容堂和宇和岛藩藩主前去调停。"中根雪江说道："德川庆喜绝不痛恨萨长二藩，希望朝廷任命他为议定，政府所需费用由全国的大名共同承担。"岩仓具视回答说："如果德川庆喜承认以前的过失，辞官纳地，交出部队、军舰等，其他的大名也会效仿。然而，德川庆喜绝不认错，也不辞官纳地，而今朝廷只能讨伐幕府。"中根雪江诺诺而退。

之后，岩仓具视主持召开会议，决定让德川庆喜命令会津藩藩主松平容保及松平定敬带兵回到自己的藩国，之后才允许德川庆喜进京入宫。尾张藩、福井藩、土佐藩、肥前藩的重臣提出异议："松平容保、松平定敬无罪，为何不让他们和德川庆喜一起进京？"西乡隆盛、大久保利通进行反驳，但上述决议最终通过了。

明治元年（1868年）正月二日，松平春岳上朝。岩仓具视听说幕府军前往京都，称病回府，召集伊达宗城等开会，决定派户田忠至前往大阪劝谏德川庆喜。户田忠至拒绝了。最后，没有人愿意前往大阪。松平春岳说要和山内容堂、伊达宗城商议此事。明治元年正月三日，山内容堂上书建议："无论松平容保和松平定敬是否带兵回藩国，都应该让德川庆喜进京入宫。"当时，朝廷已经下旨给德川庆喜："在松平容保、松平定敬回藩国后，汝可进京。"这时，中根雪江又问岩仓具视："德川庆胜、山内容堂、伊达宗城要到大阪劝德川庆喜进京。在德川庆喜进京之日，是否能够任命德川庆喜为议定？"岩仓具视回答道："德川庆喜可以进京，不过要和毛利敬亲在同一天被任命为议定。而今，德川庆喜出兵鸟羽、伏见，反状毕现。即便藩主们去规劝德川庆喜，也没有什么用了。"中根雪江听完这番话后匆匆离去。松平春岳希望尾张藩和福井藩出兵调停会津藩、桑名藩和萨长二藩的争端，派人转告德川庆喜，并派人去请山内容堂和伊达宗城。松平春岳在与山内容堂和伊达宗城商议时，听说幕府和萨长二藩已经在伏见交火了。松平春岳立刻中止会谈，悄悄进宫。大久保利通上书朝廷，建议讨论讨幕一事。朝会做出了下述决议：

小松宫彰仁亲王

德川庆喜反状毕现。兹任命小松宫彰仁亲王为征讨将军守卫皇宫；命尾张藩、福井藩增援皇宫守卫部队；命屯集于高野山的朝廷部队进攻大阪，纪伊藩协助进攻；命平户藩等守卫大津驿。

岩仓具视和西乡隆盛、大久保利通、广泽真臣商议之后，按照萨长二藩的计划行事。在鸟羽街道方面，萨摩藩将中军设在东寺；长州藩将中军设在大佛。在伏见街道方面，萨摩藩的部队由岛津式部指挥；长州藩的部队由林友幸等指挥。

明治元年（1868年）正月二日申时，幕府军来到鸟羽中之桥。椎原氏向幕府军喊道："我们奉朝廷之命守卫此处，谁也不许通过。"这时，把守城南离宫的萨摩藩部队前来支援，在道路中央安放大炮，炮轰幕府军，幕府军溃走。明治元年正月三日夜里，幕府军发动反击。萨摩藩部队三面合击，幕府军败走。

在伏见方面，幕府的先头部队会津藩部队来到京桥列队时，长州藩的林友幸到会津藩部队的大营抗议。会津藩部队的首领答复说："德川庆喜奉朝命

鸟羽伏见之战

幕府军败走

入京。"林友幸将此事上报京都方面，请求指示。京都方面让林友幸严密防守，不放任何人过去。此时，鸟羽方向传来炮声。林友幸率领的部队和对面的会津藩部队开始互相炮击。最终，会津藩部队败走。明治元年（1868年）正月四日，小松宫彰仁亲王任征讨大将军，带着朝廷给的锦之御旗①和节刀，率领萨摩、长州、安艺三藩的部队来到东寺。明治元年正月五日，朝廷军从鸟羽、宇治两个方向进军至淀城。幕府军在这里抵抗，双方互有伤亡。当时，小松宫彰仁亲王带着手下，扛着锦之御旗巡视大营。朝廷军见此情景，勇气倍增，而幕府军看到对方有朝廷的锦之御旗，不敢冒天下之大不韪与朝廷对抗，纷纷溃退。明治元年正月六日拂晓，朝廷军进军至八幡。幕府军一方的会津藩部队拼命死守，炮弹打完之后，白刃格斗，终因寡不敌众，败了下来。桑名藩部队腹背受敌，也败退了。朝廷军不断向前推进，直逼大阪城。

---

① 锦之御旗，是一种可以代表天皇的旗帜，天皇可以将其赐予朝廷军的大将，作为讨伐朝敌的凭证。

第2节 宣布征讨德川氏的命令

在鸟羽伏见之战中，以萨长二藩为主力的朝廷军获胜，幕府军退守大阪城。这时，还看不出来哪一方会取得最后的胜利。因此，岩仓具视和大久保利通等还没有彻底放弃保护着明治天皇走山阴道退守广岛的计划。明治元年（1868年）正月五日，山阴道镇抚总督西园寺公望率领萨长二藩的部队从京都出发，走小路来到丹波，征服宫津藩的本庄氏之后抵达鸟取，让松江藩盟誓效忠朝廷。之后，西园寺公望平定了整个山阴道。

明治元年正月五日，朝廷派四条隆平劝降了把守山崎关卡的津藩守军。明治元年正月六日，津藩的部队和萨长二藩的部队一起炮轰八幡桥本的幕府军，幕府军败走。四条隆平巡视了阵地和大营之后，回京都复命。明治元年正月六日，朝廷任命桥本实梁和柳原前光为正副东海道镇抚都督。桥本实梁和柳

桥本实梁

柳原前光

原前光即日率肥后藩的部队从京都出发，于明治元年（1868年）正月二十三日在伊势四日市扎营。松平定敬的嫡子松平定教谢罪请降。桥本实梁准降，将桑名城收归朝廷，让尾张藩、津藩监督桑名城的接管工作。

岩仓具视等召集公卿、大名，打算建议朝廷发布征讨幕府的敕令。山内容堂、后藤象二郎等对此表示异议，却无济于事。岩仓具视声称：

> 如果感念德川氏的旧恩，不服从朝廷的命令，就到大阪援助德川庆喜。否则，应该回到自己的藩国，向朝廷供应粮食、弹药。请各位大名以明治元年正月八日辰时为限做出抉择。

明治元年（1868年）正月八日，大名们都答复说愿意听从朝廷的命令。明治元年正月十日，朝廷将布告贴到三条和荒神口两座桥头，内容是：其一，朝廷下令征讨德川幕府；其二，将幕府的领地收归朝廷；其三，褫夺德川庆喜、松平容保、松平定敬、松平定昭、板仓胜静、大河内正质及其他幕府主要官员的官位。没收会津藩藩主、桑名藩藩主等的宅院，解散其残兵。酒井忠氏、户田氏共、稻垣长行、松平宗武、内藤政学这五个藩主有不检点之处，不允许上京。

德川庆喜感觉形势不妙，打算走海路回关东，悄悄命人准备军舰。此时，会津藩的神保修理视察前线之后回到大阪，劝说松平容保收兵，等待朝廷的命令。然而，由于多数人反对，神保修理的建议没有被采纳。之后，神保修理又劝说德川庆喜："主君您应该认清形势，识时务者为俊杰。您应该上交政权和兵权，表示您的勤王之心。"此时，败报频频传入大阪城中。德川庆喜意识到："锦之御旗是朝廷权威的象征，幕府军看到锦之御旗，斗志自然会下降。即便不是幕府军开启的战端，如果与朝廷军作战，也属于抗旨行为。"于是，德川庆喜下令幕府各部队退到大阪城中。到了晚上，德川庆喜带着松平容保、松平定敬、板仓胜静、外国奉行、医师悄悄离开了大阪城，乘"开阳丸"号军舰走海路逃往江户。德川庆喜命人将给朝廷的奏章及亲笔书信转交给松平春岳，告知朝廷自己已经撤出大阪回江户了。

明治元年正月八日，松平春岳将德川庆喜的奏章上呈朝廷。朝廷派人检查大阪城的情况。德川庆喜在离开大阪时给部下留下了布告文，告知自己离开大阪的原因。明治元年正月九日，永井尚志等告诉将士们德川庆喜已于前一天晚上乘船撤到了江户，还下令将士们回到江户。将士们听说此事后，呆若木鸡。明治元年正月十二日，德川庆喜等平安抵达江户内海，在品川登陆，进入江户城。松平容保也回到了自己的府邸。松平定敬没有回自己的府邸，而是寓居一桥氏或者会津藩藩邸，日夜给德川庆喜出主意，劝德川庆喜东山再起。德川庆喜听不进去，只是等待朝廷处置自己。松平定敬只好回到自己的府邸。

第3节 江户开城

德川庆喜回到江户后,很多部下建言献策。然而,德川庆喜对这些建议充耳不闻,在宽永寺闭门思过,等待朝廷给予处分。明治元年(1868年)正月十九日,德川庆喜写信给静宽院宫[①],表达了自己对朝廷的恭顺之意。静宽院宫将自己的亲笔信和德川庆喜的奏章一并交给桥本少将,让他转交给朝廷。

此外,德川庆喜的手下伴门五郎、本多敏三郎、涩泽成一郎等成立彰义队,联名上书朝廷,请求宽大处理德川庆喜。北白川宫能久亲王上京,为德川庆喜请愿。德川家定的遗孀天璋院也派使者上京,为德川庆喜说情。然而,这些努力都未奏效。在岩仓具视的授意下,松平春岳替德川庆喜谢罪。这一努力也为时已晚。萨摩藩对德川庆喜恨之入骨,主张将德川庆喜处以极刑。长州藩主张以比死刑低一等的刑罚处置德川庆喜。明治元年正月九日,岩仓具定任东山道镇抚都督,领了锦之御旗、节刀,率领尾张藩和土佐藩的士兵出发了。明治元年二月九日,朝廷任命总裁有栖川宫炽仁亲王为东征大总督,任命议定嘉言亲王为海军总督,负责指挥萨摩藩等二十余藩的部队。西乡隆盛等被任命为有栖川宫炽仁亲王的参谋。与此同时,朝廷任命了东海、东山、北陆三道的总督及先锋。明治元年二月十一日,朝廷向三道总督颁布军令。东海道总督主要负责进攻,东山道总督和北陆道总督主要负责防守。明治元年二月十一日、十二日、十三日,三道总督拜辞宫阙,同时出发。东山道总督将部队分为两部分,一部分队伍由板垣退助任参谋,从信州进入甲府,和幕府新选组的队长近藤勇率领的部队在甲州胜沼附近作战。近藤勇的部队败走,被追击至内藤新宿。东山道总督的另一部分队伍进攻至板桥驿。东海道总督的部队也分为两部分,进攻至池上,在本门寺扎营。北陆道总督的部队进军至千住驿。明治元年二月十五日,有栖川宫炽仁亲王从京都出发,来到骏府后设立总督府。东山道、东海道、北陆道三支部队势如破竹,占领了江户城外的四个驿站,决定于明治元年三月十五日向江户发起总攻。

---

① 静宽院宫,即德川家茂的夫人和宫亲子内亲王,其院号为静宽院宫。

德川庆喜一心一意向朝廷表示恭顺，但不清楚朝廷军是否决心将德川氏灭族。假如朝廷军要对德川氏下死手，那么德川庆喜和关东武士就不能坐以待毙。明治元年（1868年）一月二十三日夜里，德川幕府宣布了改革措施，任命胜海舟为陆军总裁。胜海舟深得德川庆喜的信任，德川庆喜把幕府的全部权力委托给他。胜海舟召开会议，抑制主战派。胜海舟的主要观点如下。

第一，如果与朝廷军决战，必然导致日本国内分裂，战乱不休。欧美各国会乘虚而入，日本将会重蹈清朝和印度的覆辙。

第二，主君①诚心诚意地将政权归还给朝廷，对朝廷表示恭顺。

第三，关东人士勇敢好斗，但缺乏制订百年大计者。

第四，萨长二藩兵力只不过数千，幕府兵力多达一万五千余人。幕府军却连战连败。这说明大势已去，不是人力所能挽回的。

德川庆喜将一切事宜委托给胜海舟之后，于明治元年二月十一日进入东叡山大慈院进行自我反省。胜海舟意识到：

当务之急是应对朝廷军的进攻态势，如何处理和外国的关系也是很棘手的一件事情。从幕府征讨长州藩开始，法国就一直支持幕府，而英国支持萨长二藩。事到如今，如果让外国插手日本内政，后果将不堪设想。如果朝廷不接受幕府谢罪，会导致幕府与朝廷兵戎相见。朝廷军的军资和武器弹药匮乏，不能打持久战。如果英国向朝廷军提供武器弹药，不管德川氏的存亡如何，都对日本十分不利。所幸的是，外国很早就宣布局外中立。主君对朝廷表示恭顺，就是为了维持日本国的安宁、保全德川氏的祖业。然而，朝廷军不答应主君的请求。如果朝廷军向江户发动总攻，我幕府只能与之决一死战。

---

① 指德川庆喜。

山冈铁舟

此时，山冈铁舟拜谒德川庆喜，问道："主君您现在有什么打算？"德川庆喜流泪说道："我诚心诚意归顺朝廷，却背上了朝敌、贼首的骂名。我命休矣！这对于我来说无所谓，只希望不要断掉德川氏的祖业。"山冈铁舟说道："主君您表面上恭顺朝廷，实际上另有打算吧？"德川庆喜说道："我对朝廷绝无二心。"山冈铁舟说道："果真如此的话，我向朝廷转达您的意思。主君勿忧。"之后，山冈铁舟到朝廷军的大营见最高指挥官，却被拒绝了。于是，山冈铁舟和胜海舟商量此事。胜海舟让山冈铁舟带着之前在萨摩藩藩邸抓住的萨摩藩藩士益满休之助和自己的一封亲笔信前往朝廷军的大营。山冈铁舟化装成益满休之助的部下，一路无阻，昼夜兼程来到骏府。山冈铁舟求见西乡隆盛，西乡隆盛出来迎接。山冈铁舟呈上胜海舟的亲笔信，说道：

> 我来这里是想说明我家主君对朝廷十分恭顺，而朝廷军不依不饶，想置我们于死地。我家主君对朝廷的一片忠心无法向朝廷表达，也无法说服部下。天皇陛下是民之父母，有好生之德。好战者不是王师。

西乡隆盛说：

> 此前，天璋院和静宽院宫派使者替德川庆喜说情，但语焉不详，朝廷无法确定德川庆喜的真正意图。幕府军已经与朝廷军在甲州开战，德川庆喜的诚意何在？假如放下武器，朝廷会宽大处理德川庆喜。

西乡隆盛和有栖川宫炽仁亲王商量之后，告诉山冈铁舟：

> 如果德川庆喜答应这些条件，朝廷就可以罢兵：一是德川庆喜要对朝廷表示恭顺，就应该幽禁于冈山藩；二是将江户城交给朝廷；三是将军舰、武器弹药全部交给朝廷；四是在江户城内居住的德川庆喜的家臣一律迁到向岛；五是德川庆喜劝说部下听从朝廷的命令。

山冈铁舟表示：

> 其他的条件都好说，就是将我家主君软禁在冈山藩这一条恕难接受。我们不可能为了苟且偷安，将我家主君交出去。如果朝廷坚持这样做，必然会导致一场血战。

西乡隆盛回答说：

先生所言极是，我西乡隆盛发誓会保护德川庆喜的人身安全。

山冈铁舟吃过饭后，西乡隆盛给了他通行证，让他回去向胜海舟复命。胜海舟对其他条件的意见不大，就第一条做了如下改动：

德川庆喜隐居后在水户闭门思过。

之后，胜海舟等待时机和西乡隆盛等进行正式谈判。西乡隆盛按照和山冈铁舟约定的时间，于明治元年（1868年）二月十三日到芝田町的萨摩藩藩邸。之后，胜海舟和西乡隆盛在萨摩藩藩邸进行会谈。胜海舟说道：

我家主君拥有产量数百万石的领地，都献给朝廷，作为新政府的经费。而今，我家主君已经将政权归还朝廷，请求朝廷处分。江户城是皇国日本的首都，我家主君不想因德川氏一家的存亡让数万无辜之人丧生。眼下，外交问题令人担忧，日本国内需要和平。这样才能维持皇国日本的存在。这样做并非仅仅为了德川氏。我希望公正地处理我家主君。这样朝廷才有威信，才能显示出皇恩浩荡。

西乡隆盛答复说：

这件事情不是我一个人说了算，我得和有栖川宫炽仁亲王商议。

西乡隆盛下令朝廷军暂时停止进军，并向有栖川宫炽仁亲王复命。有栖川宫炽仁亲王派西乡隆盛到京都征求朝廷的意见。

明治元年二月二十日，朝廷召开会议，三条实美、岩仓具视等就西乡隆盛和胜海舟所谈之事讨论并做出决议，随后上奏明治天皇。之后，岩仓具视将决议交给西乡隆盛。西乡隆盛回到骏府拜谒有栖川宫炽仁亲王，讲了朝廷做出决议一事。明治元年（1868年）四月四日，西乡隆盛陪着正副敕使桥本氏、柳原氏来到江户城传达敕令。德川庆喜和重臣们接受了敕令，大致内容如下：

第一，德川庆喜与朝廷兵戎相见，对朝廷不恭，本应处以死刑。然而，皇恩浩荡，予以宽大处理，令德川庆喜引退后在水户闭门思过。

第二，江户城防交由尾张藩负责。

第三，军舰、枪炮等上交朝廷。

第四，居住在江户城内德川庆喜的家臣迁至城外，闭门思过。

第五，帮助德川庆喜谋反者本当严惩，今做宽大处理，皆免死罪，根据情节给予惩处。

第六，俸禄万石以上者由朝廷处置。

两位敕使明确要求德川庆喜等在一周内按照上述要求采取措施。之后，两位敕使回到朝廷军大营。明治元年三月八日，德川氏海陆局成员会面，议论纷纷：

说是对德川氏宽大处理，没有提领地的事情，不应将江户城交出去。尾张藩接管江户这一条也不能答应。

德川庆喜派人将这些意见送到朝廷军大营。参谋江海田等接待德川庆喜的来使说：

虽然说是朝命，但接管江户城属于德川氏的继嗣问题，属于私事，可以商榷。

此外，胜海舟等指出：

> 运输船不属于军舰，我们没有承诺将运输船上缴朝廷，恳请朝廷予以返还。另外，还有四千多名士兵，德川氏没有钱养他们，他们也没有独自生活的出路。我们希望将这些士兵连同武器一并交给朝廷，门楼、仓库、杂具都献给朝廷。

朝廷答应了胜海舟的上述请求。明治元年（1868年）三月十日，德川庆赖向江户士民宣旨：

> 投降朝廷军者无罪，官仍其职。

明治元年三月十一日，德川庆喜迁到水户，桥本氏、柳原氏和西乡隆盛带着少量护卫入城，收缴了城内士兵们的武器，让肥后藩保管武器，尾张藩负责把守江户城。德川幕府的海军副总裁榎本武扬率领七艘军舰逃走。

第4节 平定关东及对德川氏的处置

明治元年四月十一日，在胜海舟、山冈铁舟、大久保利通的周旋下，朝廷接管了江户城。德川庆喜在数十人的护卫下走出大慈院，面容憔悴。见此情景，人们无不慨叹落泪。明治元年四月十一日夜里，大鸟圭介和土方岁三等将逃出来的幕府将士们归拢起来，总人数超过两千人。众人推举大鸟圭介为总督，到日光山静观事态变化。此时，朝廷军已经抵达宇都宫，逼近会津藩。明治元年四月十六日至十七日，大鸟圭介在小山击败了朝廷军，接着攻克了宇都宫。桑名藩的一些士兵离开江户，前往会津和越后。大鸟圭介的人马弹尽粮绝之后，前往会津求援。在朝廷接管江户之前，新选组的近藤勇和土方岁三等准备去甲斐。这时，板垣退助等率领的朝廷部队已经到了甲府。新选组

土方岁三

与板垣退助的部队作战,因寡不敌众,新选组败退。之后,近藤勇和土方岁三隐姓埋名,到下总流山聚拢残兵败将,观望形势。明治元年(1868年)四月三日,朝廷军在流山诱捕并杀死了近藤勇。土方岁三聚拢残兵败将,和大鸟圭介会合。

此时,结城藩分成两派,藩主水野胜知是佐幕派,在江户指挥彰义队。明治元年三月二十五日,水野胜知率领彰义队占据结城。明治元年四月五日,结城被朝廷军攻克,水野胜知逃走。板仓胜静及其嗣子板仓胜全在日光山南照院隐居,表示对朝廷的恭顺,最后到了会津。这时,在关东地区的幕府军残余势力仅剩下上野的彰义队,有三千余人。彰义队人数不少,但属于乌合之众。彰义队中很多成员到街市上劫掠。明治元年(1868年)四月二十一日,有栖川宫炽仁亲王进入江户城。明治元年闰四月二十四日,三条实美任关东观察使,来到江户城视察。西乡隆盛负责江户城的善后和镇抚工作。山冈铁舟遣使前往彰义队,劝他们解散,彰义队却充耳不闻。西乡隆盛采取宽大为怀的方针,也不着急进剿彰义队。明治元年闰四月二十七日,大村益次郎来到江户,参与军务。大村益次郎与三条实美、西乡隆盛商议之后,决定在明治元年五月十五日对彰义队发起总攻。在此之前,大村益次郎遣使通知德川氏将历代征夷大将军的重要祭器搬走,避免遭到毁坏。大村益次郎、西乡隆盛等亲自带队,前后夹击彰义队。彰义队溃逃者颇多,溃不成军,真正参加战斗的不足一千

大村益次郎

人。朝廷军攻上山之后放火,楼台寺院全部烧毁。北白川宫能久亲王逃到会津,关东八州全部平定。

朝廷接管江户城之后,德川氏就灭亡了。德川庆喜退隐水户后,朝廷尚未确定德川氏的领地有多少,还能支配几个藩国。这是德川氏家臣们最担忧的问题。正是因为这个问题还没有定下来,到处都有德川氏家臣起兵作乱。西乡隆盛对此也非常担忧,认为当务之急是决定如何处置德川氏的领地,如何安顿德川氏家臣,稳定人心。如果有冥顽不化与朝廷对抗到底的德川氏家臣,就应下决心剪除,不能手软。于是,西乡隆盛上京劝谏朝廷早日解决此事。明治元年(1868年)四月二十五日,朝廷召开会议,与会的大部分人都主张由尾张藩、纪伊藩、福井藩三家继承德川氏的家产,将德川氏的俸禄削减到三百万石以下。有的与会者主张再进一步削减德川氏的俸禄。因此,这件事议而不决。结果,朝廷决定派三条实美为大观察使到江户调查实际情况,之后由三条实美视情况处理。明治元年闰四月二十九日,三条实美等将德川家达的代理人德川茂德叫到江户城中,对他说:"如今德川庆喜伏法,考虑让德川家达继承德川氏的家业。"三条实美决定将福井藩等的领地减去三分之一。朝廷下令将一桥、田安两个家族列为朝廷的藩屏。因德川家达年幼,朝廷命津山藩藩主松平齐民做其监护人。由此可以看出,朝廷褫夺了冥顽不化的德川氏家臣的官位,对归顺朝廷的德川氏家臣或者一族予以厚待。至此,朝廷对德川氏的处置告一段落。

第5节 平定奥羽福井

德川庆喜从大阪逃回江户之后,一味地对朝廷表示恭顺。松平容保和松平定敬都回到自己的宅邸闭门思过。朝廷认为会津藩是佐幕派的核心力量,必须进剿,但由于出动大军的条件还不成熟,只能让奥羽地区的各藩自行安排。仙台藩藩主伊达庆邦奉朝廷之命征讨会津藩,将此事传达给藩士们。会津藩的老臣田中玄清、神保内藏助等向尾张藩、土佐藩、肥后藩、高松藩等二十二个藩求救。然而，没有一个藩愿意帮助会津藩。松平定敬的儿子松平定教是桑名藩的时任藩主，投降朝廷军，献出了城池。德川氏家臣劝松平定敬隐退，松平定敬采纳这一建议，到灵岸寺出家。主君松平定敬落到这个地步，让桑名藩藩士们十分悲愤，他们发誓要为主君雪冤。后来，松平定敬从横滨乘普鲁士的船前往新潟，进入柏崎。

明治元年（1868年）二月十六日，松平容保奉德川庆喜之命离开江户的会津藩藩邸，回到会津藩。庄内藩藩主也回到了自己的藩国。明治元年三月，米泽藩藩主上杉齐宪上书朝廷，说道："朝廷皇恩浩荡，没有必要再派大军征讨奥羽等地。况且兵连祸结，外国人有可能乘虚而入。这是皇国日本的隐患。"此外，上杉齐宪还遣使到秋田、盛冈、津轻、山形、二本松等藩，劝说

上杉齐宪

这些藩国要为日本考虑，要将万民从疾苦中拯救出来，不要互相征伐。这时，奥羽二十余藩联盟的萌芽形成了。松平容保回到藩国之后，逐渐形成了割据之势。明治元年（1868年）三月二日，奥羽镇抚总督九条道孝率领少量萨长二藩的士兵从京都出发。当时，江户尚未被朝廷接管，关东形势不稳，朝廷无法出动大军。因此，朝廷不想处置奥羽，只是任命了几名能干的官员到奥羽，大部分官员还是奥羽当地人。伊达庆邦前往松岛拜见九条道孝。在九条道孝的授意下，伊达庆邦于明治元年三月二十二日出兵。明治元年三月二十八日，九条

九条道孝

世良修藏

道孝率军进入仙台。这时,米泽藩也派藩士来到仙台,拜见九条道孝的参谋世良修藏,说道:"松平容保已经对以前的罪孽有所悔悟,闭门思过,等待朝廷处置。我希望朝廷不要大动干戈征讨会津藩。"世良修藏大怒,说道:"如果米泽藩对朝廷的决定有异议,将与会津藩同罪。你速回米泽藩告诉藩主准备兵器,迎接九条道孝总督坐镇米泽指挥各部队征讨会津藩。"朝廷军日益逼近,会津藩出兵巩固边防。九条道孝率领萨长二藩的部队,伊达庆邦率领仙台藩的部队,一起进攻会津藩。

会津藩派家臣到米泽藩上杉氏那里表示降服朝廷,并向朝廷谢罪。米泽藩遣使至仙台藩说明了这一情况。米泽藩和仙台藩一起上书九条道孝,表达了对会津藩的同情。九条道孝的家臣户田主水主张:"总督大人派问责使前去谴责会津藩就可以解决问题,没有必要出兵征讨。"然而,九条道孝的两个参谋主张立刻出兵。结果,九条道孝在犹豫之后决定出兵。仙台藩士兵逡巡不前,仅仅与会津藩士兵发生了小规模的冲突。会津藩家臣们联名写信,请求米泽藩和仙台藩从中斡旋。伊达庆邦将会津藩家臣们的请愿书呈递给九条道孝,请求他下达停战命令。仙台藩、米泽藩的家臣们召集奥羽地区二十余藩的家臣在白石开会。伊达庆邦和上杉齐宪举行会谈后,主持了奥羽地区各藩家臣的会议,与会者一致认为:"会津藩家臣们在请愿书中已经表达了向朝廷谢罪、对朝廷表示恭顺的意思。这一点明白无误。陆奥地区的行政长官弹正大弼应该向九条道孝总督提交请愿书,说明此事。如果奥羽地区的各藩国同意,就在请愿书上签字。各藩国重臣们都同意在上面签字。"

于是,弹正大弼将请愿书呈递给九条道孝。在世良修藏的建议下,九条道孝拒绝受理请愿书,敦促米泽藩和仙台藩征讨会津藩。奥羽地区各藩的藩士们群情激愤,对世良修藏恨之入骨,暗杀了世良修藏。奥羽地区的各藩国结成了联盟,拒绝执行九条道孝的命令。事出无奈,九条道孝下令仙台藩、米泽藩:"是否可以接受会津藩降服一事需要禀奏朝廷裁决,汝等可在会津藩留下少量兵力后回到自己的藩国。"

与此同时,会津藩部队和朝廷军在白河、白坂之间作战,打败了朝廷军。明治元年(1868年)五月一日,奥羽越列藩同盟的部队打算袭击宇都宫,被朝廷军打败。有一路朝廷的部队在副总督泽氏及参谋大山氏的率领下前去征讨羽州的庄内,进展顺利。奥羽越列藩同盟成立之后,形势发生了变化。朝廷军退到了秋田藩,但秋田、津轻等藩不接纳朝廷军,朝廷军打算退往北海道。九条道孝率领的朝廷军作战也不顺利,转战于盛冈藩、秋田藩。秋田藩的勤王派压倒了佐幕派,决定迎接九条道孝及其部下入城。泽氏和大山氏也率领部队来到秋田,朝廷军这才获得了根据地。

朝廷军与会津藩部队交战

奥羽越列藩同盟和幕府残部、桑名藩残部、会津藩部队联合起来，逼近白河口和越后口，发动进攻。白河口是奥羽的咽喉，朝廷军拼命死守，奥羽越列藩同盟的部队败退。明治元年（1868年）五月十九日，朝廷任命有栖川宫炽仁亲王为征讨会津大总督。明治元年六月十五日，有栖川宫炽仁亲王在柏崎登陆。西乡隆盛听说朝廷军在东北战事不顺，回京都请求朝廷将驻扎在京都的萨摩藩部队一分为二，一部分和白河的朝廷军会合，另一部分在平潟登陆，接应各地的朝廷军。

东叡山陷落之后，北白川宫能久亲王来到白石城，向奥羽越列藩同盟求救。奥羽越列藩同盟写信给各国公使、领事等，让他们援助北白川宫能久亲王。明治元年七月二日，北白川宫能久亲王命伊达庆邦和上杉齐宪督促奥羽越列藩同盟的各藩讨伐萨摩藩，并以奥羽越列藩同盟军政总督府的名义颁布讨伐萨摩藩的檄文。明治元年八月三日，朝廷决定褫夺伊达庆邦、上杉齐宪的官位。

明治元年七月二十三日，朝廷任命大纳言久我通久为东北游击将军，率兵增援朝廷军。明治元年七月二十九日，朝廷军攻克二本松城，二本松藩藩主逃往米泽藩。各路朝廷军逼近会津藩。明治元年八月二十四日，朝廷军攻克棚仓城。传闻三春藩、守山藩背弃盟约，与朝廷军秘密来往，这导致奥羽越列藩同盟各藩之间相互猜忌。朝廷军和奥羽越列藩同盟的部队连日在汤长谷等地作战，互有胜败。朝廷军的生力军不断增加。奥羽越列藩同盟的部队没有后援，每况愈下。

德川幕府的残部在古谷作左卫门等的率领下进入越后，和会津藩、桑名藩的部队会师，与奥羽越列藩同盟的部队遥相呼应。于是，朝廷派高仓永祐、山县有朋、黑田清隆等征讨越后。长冈藩等北越各藩国组成联盟，共同抵挡朝廷军。因奥羽和福井各藩互相协助，实力强大，西乡隆盛回到萨摩藩招募士兵后前来支援，夹击会津藩、仙台藩和米泽藩。奥羽越列藩同盟的部队与朝廷军在长冈城来回拉锯，最终朝廷军占领了长冈城。奥羽越列藩同盟中有的藩国与朝廷军私通，有的藩国观望，同盟内部互相猜疑。在西乡隆盛的增援下，朝廷军势力越来越强。参谋板垣退助建议应该先消灭奥羽越列藩同盟的核心力量会津藩，之后再攻打仙台藩和米泽藩。这一建议被采纳了。明治元年（1868年）八月二十日，朝廷军向会津藩发起总攻。明治元年九月四日，米泽藩藩主意识到朝廷军是无法战胜的，派家臣向九条道孝递上谢罪书。明治元年九月十五日，伊达庆邦让家臣向朝廷军呈递谢罪书。明治元年九月二十八日，朝廷军接管了仙台藩的城郭。伊达庆邦父子到寺院出家。明治元年十月二十三日，朝廷下令让伊达庆邦父子上京。

会津藩被朝廷军四面包围，长达一个月，交通切断，无论男女老幼，都拿起武器战斗。会津藩弹尽粮绝，盟友米泽藩、仙台藩已经投降朝廷。朝廷频频派人规劝会津藩向朝廷谢罪、投降。最终，会津藩决定投降。松平容保命令家臣通过米泽藩向朝廷请降，并呈上谢罪书。明治元年九月二十二日，松平容保开城投降朝廷。朝廷军将松平容保父子幽禁在城外的妙国寺。会津藩藩士四百八十余人被关押在猪苗代蓝川。会津藩的萱野长修等重臣联名上书，请求朝廷允许他们代替自己的主君服刑。

在朝廷军接管会津藩之前，由少年武士组成的白虎队在石筵口抵抗朝廷军的进攻。白虎队寡不敌众，死伤很多，残兵败将分成两部分，一部分入城，打算陪松平容保一起赴死；另一部分共计十六人，登上若松城后的饭盛山，向若松城跪拜之后剖腹自杀。在会津藩投降朝廷的时候，北白川宫能久亲王派人向朝廷军递上谢罪书，之后被押送至江户。

明治元年（1868年）十月二十三日，朝廷军进逼庄内藩。酒井忠笃委托米泽藩将谢罪书交给朝廷，希望投降朝廷。明治元年十月二十七日，酒井忠笃出城投降。之后，酒井忠笃被押送至东京。这样一来，奥羽地区全部平定，有栖川宫炽仁亲王回京。

第6节　函馆战役

在德川庆喜、胜海舟打算让朝廷军接管江户前不久，江户混乱不堪。榎本武扬和陆军奉行松平太郎等打算死守江户，与朝廷军决一死战。一个叫白户石助的人获悉此事之后向幕府告密。德川庆喜大怒说："这些人这样做，是想置我于死地。"德川庆喜罢免了松平太郎的职务，死守江户的计划以失败告终。朝廷军接管江户之后，榎本武扬以风大浪急为由，称第二天将军舰移交给朝廷，率领幕府的八艘军舰离开江户，停泊在房总的馆山，观察着朝廷军的动静。总督府叫来田安氏和胜海舟，责备他们放走了榎本武扬等。胜海舟亲自到馆山，劝说榎本武扬将四艘军舰交给朝廷，剩下的四艘军舰归德川氏所有。之后，榎本武扬等打算请求朝廷将虾夷地区赐给德川氏，自己率军舰到那里进行开发建设。明治元年六月，运输船"长崎丸"号的十二名乘组人员逃到奥羽沿岸，向德川氏的海军发出檄文，称："朝廷接管江户，主君受屈含冤，士民衣不蔽体，食不果腹。我等要联合奥羽的义军清君侧，铲除萨长奸佞。"檄文内容正中榎本武扬的下怀。明治元年七月二十一日，榎本武扬致信松平容保、板仓胜静、小笠原长行，打算前去援助他们。明治元年八月十九日夜里，榎本武扬率领八艘军舰离开品川湾，并告知胜海舟自己这样做的原因。

榎本武扬等在海上遇到台风，"美贺保丸"号军舰沉入海底，"咸临丸"号军舰漂流到了下田。榎本武扬率领其他几艘军舰来到仙台藩的海岸登陆。此时，奥羽越列藩同盟已经瓦解，会津庄内、越后也被朝廷军攻克。榎本武扬意识到在奥羽地区无法立足，就按照原定计划前往虾夷地区。明治元年（1868年）十月二十日，榎本武扬一行来到南虾夷的鹫木。榎本武扬打算与函馆府知事清水谷公考联手共同开发虾夷地区。然而，清水谷公考派部队攻打榎本武扬。结果，清水谷公考连战连败，败走青森。榎本武扬等兵不血刃占领了五稜郭要塞。之后，榎本武扬派土方岁三进攻松前。明治元年十一月五日，土方岁三率领彰义队、陆军队占领松前城。松前藩藩主逃往津轻。之后，榎本武扬、松平太郎、大鸟圭介等在五稜郭建立了政权，在函馆、福山等地设立奉行所，加强海陆军的战备。榎本武扬政权和各国领事及英法军舰的将士们交往，进而建立了外交关系，进行通商。榎本武扬政权俨然是一个独立国家。

明治元年十一月五日，朝廷讨论如何进剿榎本武扬政权。大久保利通建议："德川家达是榎本武扬等的旧主君，派他前去进剿肯定奏效。"岩仓具视和木户孝允都赞成这个提议。木户孝允建议起用德川庆喜帮助德川家达进剿榎本武扬。因多数人反对这一提议，朝廷决定让德川庆喜的弟弟德川昭武协助德川家达。同情德川氏的人表示反对："让德川氏讨伐忠于自己的家臣，情何以堪？"对德川氏不放心的人担心德川氏和榎本武扬联手反叛朝廷。明治二年（1869年）三月，朝廷最终决定派黑田清隆、山田显义等率领萨摩藩、长州藩等藩国的部队进剿榎本武扬。讨伐榎本武扬的朝廷军从品川出发，在南部的宫古港靠岸。榎本武扬的部下听说此事，袭击朝廷军舰后逃匿。朝廷军大吃一惊，但并未造成大的损失。朝廷军舰继续前进，逼近函馆港口，和榎本武扬一方的炮台及军舰相互炮轰。朝廷陆军攻占了有川村。明治二年五月一日，朝廷军打坏一艘敌舰，击沉一艘敌舰。榎本武扬的海军力量消耗殆尽。

朝廷军的援军不断赶到，总兵力已经达到数千人。榎本武扬的兵力少，寡不敌众，并且缺乏弹药，节节败退，只剩下五稜郭堡垒和千代冈炮台。榎本武扬及其部下下定决心与五稜郭堡垒共存亡。黑田清隆等放缓攻击力度，敦促榎本武扬投降。榎本武扬曾在荷兰留学，将两册《海律全书》带回日本，不忍心将其毁于战火，便派人将自己的亲笔信和这两册《海律全书》一起交给朝廷

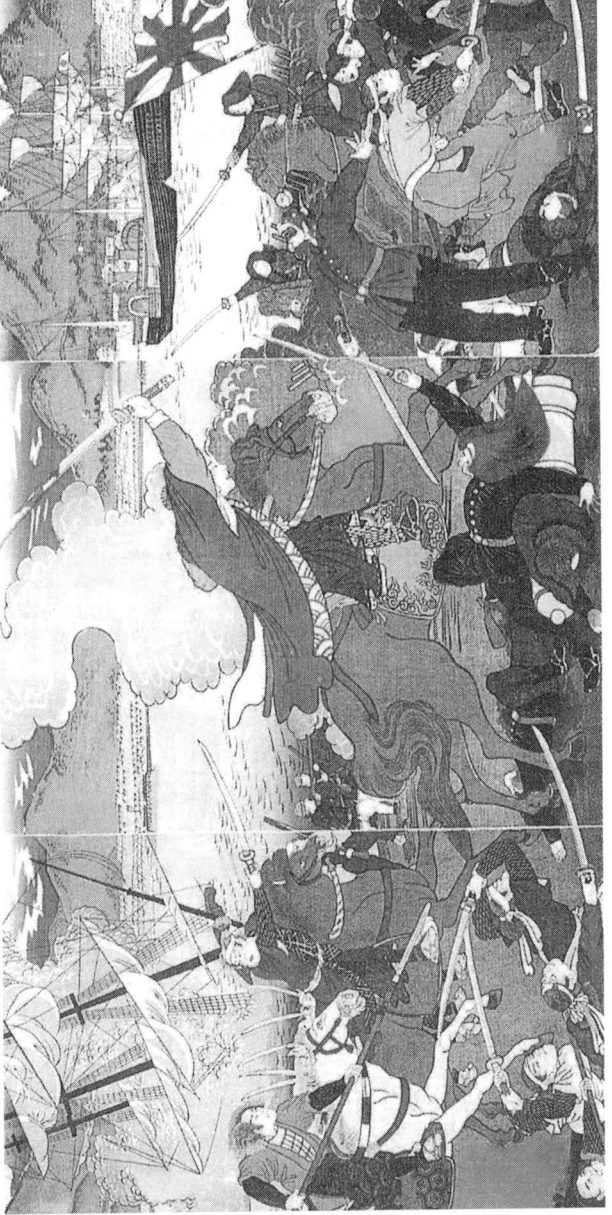

函馆海战

军。形势对榎本武扬越来越不利，有的士兵开小差，有的士兵投降朝廷军，固守五稜郭的士兵只有数百人。为了保住数百士兵的性命，明治二年（1869年）五月十八日，榎本武扬、松平太郎、大鸟圭介等投降朝廷。自此，朝廷完全平定了虾夷地区。

第13章

明治初政

第1节 明治天皇亲政

明治元年（1868年）正月三日，朝廷派遣奉币使到伊势神宫。明治元年正月十三日，朝廷派奉币使到神武天皇、天智天皇[①]、光格天皇[②]、仁孝天皇、孝明天皇的山陵奉告明治天皇要举行元服典礼一事。明治元年正月十五日，明治天皇举行元服典礼。

明治元年正月十七日，大久保利通上奏朝廷，建议迁都大阪，引起朝廷的热议。明治元年二月三日，明治天皇颁布新政命令。之后，明治天皇到大阪视察海军，了解关东的形势。明治元年二月二十八日，明治天皇来到学问所，召集在京大名共商国是。明治元年三月十四日，明治天皇来到南殿，率领众位公卿、大名在天神地祇前盟誓，约五事。这就是有名的五条御誓文，其大致内容是："其一，广兴会议，万机决于公论；其二，上下一心，盛行经纶；其三，公武[③]一途直至庶民，人心不倦；其四，基于天地公道，打破旧来陋习；其五，振作皇国基础，求知识于世界。"

明治元年三月二十日，明治天皇在南殿祭祀军神。明治元年三月二十三

[①] 天智天皇，日本第38代天皇，在位时间为668年到672年。
[②] 光格天皇，日本第119代天皇，在位时间为1780年到1817年。
[③] 公武，指朝廷和武士。

明治天皇

日,明治天皇来到大阪,将西本愿寺作为行在。明治元年(1868年)三月二十六日,明治天皇到天保山海面视察海军。因德川庆喜已经归顺朝廷,明治天皇回京,在学问所处理国家大事。明治元年八月二十七日,明治天皇在紫宸殿举行即位大典,赏赐群臣酒肴。明治元年九月八日,朝廷下令实施一代天皇一个年号的制度。八月二十六日是明治天皇的生日,朝廷诏告天下定这一天为天长节,每年为明治天皇贺寿。

明治元年七月十七日,朝廷把江户改称东京。明治元年九月二十日,明治天皇从京都出发,前往东京视察。岩仓具视、中山忠能、伊达宗城、木户孝允、山内丰积等陪同前往。明治元年（1868年）十月十三日，明治天皇抵达东京，将江户城作为皇宫。岩仓具视建议明治天皇回趟京都，为孝明天皇举行三周年忌，并举行立皇后的仪式。朝廷批准了这一建议。明治元年十月二十二日，明治天皇回到京都。

明治元年十月二十八日，藤原氏入宫，被立为皇后。当天，朝廷举行了立后仪式。藤原氏并非皇族，却被立为皇后，并且当天就举行立后仪式，这还是第一次。明治元年十一月十二日，明治天皇参拜伊势神宫。明治元年十一月二十八日，明治天皇回到东京。此后，东京成为日本的首都。

皇后藤原氏

247 | 第13章 明治初政

第2节 明治政府的财政、外交及官制

财政问题和外交问题是德川幕府覆亡的两大原因。明治政府成立后，财政问题和外交问题依然最棘手。为了解决财政困难，明治政府发行纸币。当时，人们不信任纸币，导致财政越来越困难。于是，明治政府下令各藩国用金币、银币与纸币兑换，又让富豪协助政府的会计工作。尽管如此，明治政府的财政依然吃紧。明治天皇发行纸币的初衷是让纸币和金币、银币同价。在市场上可以进行纸币和金币、银币的交易，而纸币的信用很低。投机商趁机从中赚取差价，导致市场很混乱，给物价带来了重大影响。明治政府治理金融市场，改革货币制度，在此基础上进行地租改革，建立了租税制度，使财政工作逐渐走上正轨。

早在德川庆喜归还政权以前，外交问题已经告一段落。对于明治政府来说，解决财政问题是当务之急。在奥羽等地发生叛乱之际，各国公使宣布局外中立。岩仓具视、东久世通禧到横滨和英国、法国、荷兰、美国、意大利、普鲁士六国公使进行会谈。在国内统一、形势趋稳之后，明治政府让各国公使解除了局外中立状态，并与各国建立了外交关系。

明治政府成立以来，不断改革官制。明治元年闰四月，明治政府将太政官分为议政、行政、神祇、会计、军务、外务、刑法七个部分，分别掌管立法、行政、司法三权。明治政府在地方上设立府、藩、县，在府、县设立知事，藩依然按照旧制。朝廷内部及地方上还不稳定，需要统一政令。朝廷任命萨摩藩的西乡隆盛、长州藩的木户孝允、土佐藩的板垣退助、佐贺藩的大隈重信为参议，指导各个部门的工作。在参议的任命上，朝廷煞费苦心，照顾到了各藩国的平衡。

第3节 版籍奉还与废藩置县

明治二年（1869年）正月二十三日，毛利敬亲、岛津忠义、锅岛直大、

锅岛直大

山内丰范联名上书朝廷,表示愿意将领地和领民归还朝廷。对此,朝廷答复说:"天皇陛下将再次到东京。届时,朝廷会召开会议,讨论此事并做出决定。希望你们仔细调查版籍之后再交还朝廷。"

当时,各个藩国一直在讨论归还朝廷版籍问题。木户孝允此前已经就此提过建议。伊藤博文任兵库县知事时,就讨论过姬路藩归还朝廷版籍的问题。在这种情况下,各藩国纷纷上表,请求归还朝廷版籍。朝廷曾一一下达指令。然而,地方上分为府、藩、县三类,制度不同,要进行统一绝非易事。

"明治维新三杰"西乡隆盛、大久保利通、木户孝允经过磋商,决定实施废藩置县,进行大规模的行政改革。三条实美、岩仓具视也同意实施废藩置县。明治四年（1871年）七月四日，明治天皇来到小御所，召集萨摩藩、长州藩、土佐藩、肥前藩的知事，命令他们协助实施废藩置县改革。接着，朝廷召集肥后藩、尾张藩、鸟取藩和在京各藩的知事入宫，宣布免去他们藩知事的职务，并向各国使节通知了这件事。南部的长冈藩等两三个藩上奏朝廷，请求废藩置县。由于种种原因，其他各藩还没有主动提出废藩置县的请求。后来，明治政府采取各种措施敦促其他各藩响应朝廷号召，最终在全国范围内实施了废藩置县。至此，日本全国得以统一，明治维新的大业最终实现。